全面体现营改增

基础会计同步实训

主　编　罗厚朝　李建红

苏州大学出版社

图书在版编目(CIP)数据

基础会计同步实训/罗厚朝,李建红主编. —苏州：苏州大学出版社,2013.9(2024.7重印)
ISBN 978-7-5672-0667-0

Ⅰ.①基… Ⅱ.①罗… ②李… Ⅲ.①会计学－技术培训－教材 Ⅳ.①F230

中国版本图书馆CIP数据核字(2013)第219897号

基础会计同步实训

罗厚朝　李建红　主编

责任编辑　王　亮

苏州大学出版社出版发行
(地址：苏州市十梓街1号　邮编：215006)
广东虎彩云印刷有限公司印装
(地址：东莞市虎门镇黄村社区厚虎路20号C幢一楼　邮编：523898)

开本 787 mm×1 092 mm　1/16　印张 16.75　字数 419 千
2013年9月第1版　2024年7月第4次修订印刷
ISBN 978-7-5672-0667-0　定价：36.00元

苏州大学版图书若有印装错误,本社负责调换
苏州大学出版社营销部　电话：0512-67481020
苏州大学出版社网址　http://www.sudapress.com

《基础会计同步实训》编审委员会

主　　编　　罗厚朝　李建红
主　　审　　高月玲
副 主 编　　顾关胜　林益丰
参编人员　（按姓氏笔画排序）
　　　　　　王雷明　朱玲娟　沈　雪　沈金芳
　　　　　　金玉雯　周　虹　赵艳菊　施丽娟
　　　　　　费　蕾　黄卫玉　曹伟娟　彭　芸
　　　　　　蒋秀娟　潘广亚　戴军桃　魏丽珍

前言

本实训教材是五年制高职和中等专业学校财经类学生加强会计基础基本技能训练用书,也可作为会计实务操作班培训用书,还可作为持有会计从业资格证书的潜在会计人员提高会计实务操作能力的自学用书。

本实训教材采用项目化任务式的编写体例,由会计基本技能、原始凭证的填制、记账凭证的填制、特种日记账的登记、明细分类账的登记、错账更正、主要经济业务的核算、综合模拟实训等八个项目组成。

本实训教材具有如下特点:

1. 前沿性。紧扣最新的财政部会计从业资格考试大纲和财政部、国家税务总局的财税政策。

2. 实践性。紧密结合当地的经济发展现状,书中大量经济业务资料来源于当地现代企业,贴近会计实践。

3. 可操作性。以项目化实训为主,循序渐进,少讲多做,讲练结合,教、学、做有机统一。

4. 实效性。由来自苏州市财会专业中心组中的会计师、双师型教师从事编写工作,融科学性、规范性、正确性、仿真性于一体。

5. 实用性。作为会计从业资格考试的配套实训教材,广大潜在会计人员可以将从业资格教材上所学理论应用于此实训的各项目,学以致用。

本书由罗厚朝、李建红担任主编,顾关胜、林益丰担任副主编。项目一、项目二由李建红编写;项目三由高月玲编写;项目四、项目五由顾关胜编写;项目七由林益丰编写;项目六、项目八由罗厚朝编写。最后由高月玲主审,并由苏州市财会专业中心组成员组成编审委员会,对教材的内容、结构、实践操作题的难易程度及质量等作了周密务实的反复推敲。在此,我们对在编写、出版过程中给予大力支持和悉心指导的老师及相关组织单位表示诚挚的感谢!

由于编者水平有限,时间仓促,书中疏漏在所难免,希望读者与专家不吝赐教,以便进一步完善。

联系邮箱:Lhc8072@sohu.com、362209449@qq.com

苏州市财会专业协作中心组
2016 年 12 月

目录

项目一　会计基本技能 ··· 1
任务1　掌握阿拉伯数字的标准写法 ······················· 001
任务2　掌握日期的标准写法 ······························ 008

项目二　原始凭证的填制 ··· 012
任务1　掌握与银行业务有关的票据填写 ················ 012
任务2　掌握常用自制原始凭证的填写 ··················· 026

项目三　记账凭证的填制 ··· 038
任务1　掌握通用记账凭证的填制 ························· 039
任务2　掌握专用记账凭证的填制 ························· 050

项目四　特种日记账的登记 ·· 062
任务1　掌握库存现金日记账的登记 ······················ 063
任务2　掌握银行存款日记账的登记 ······················ 076

项目五　明细分类账的登记 ·· 087
任务1　掌握三栏式账页的登记方法 ······················ 089
任务2　掌握多栏式账页的登记方法 ······················ 098
任务3　掌握数量金额式账页的登记方法 ················ 120
任务4　掌握横线登记式账页的登记方法 ················ 131

项目六　错账更正 ··· 141
任务1　掌握划线更正法的操作要领及过程 ············· 142
任务2　掌握红字更正法的操作要领及过程 ············· 146
任务3　掌握补充登记法的操作要领及过程 ············· 159

项目七 主要经济业务的核算 …………………………………………………… 166
　　任务 1　资金筹集的核算 ……………………………………………………… 167
　　任务 2　供应过程的核算 ……………………………………………………… 172
　　任务 3　生产过程的核算 ……………………………………………………… 180
　　任务 4　销售过程的核算 ……………………………………………………… 188
　　任务 5　利润的形成与分配的核算 …………………………………………… 194
　　任务 6　试算平衡表的编制 …………………………………………………… 198
　　任务 7　资产负债表的编制 …………………………………………………… 205
　　任务 8　利润表的编制 ………………………………………………………… 208

项目八　综合模拟实训 …………………………………………………………… 210

项目一　会计基本技能

项目一

会计基本技能

项目导航

【学习目标】

1. 知识目标：掌握阿拉伯数字的标准写法；掌握汉字大写的标准写法。
2. 能力目标：掌握大小写金额的写法及其转换；做到书写规范、清晰、流畅。
3. 情感目标：通过熟悉各种写法，学会按规定要求书写会计数据，不得任意制造简化字，增加对数字的敏感性认识。

【知识链接】

《会计基础工作规范》第五十二条　填制会计凭证，字迹必须清晰、工整，并符合要求。

【主要内容】

1. 书写技能训练。
2. 会计工作的数字书写。
3. 会计工作的汉字书写。
4. 金额大、小写的表示方法。

任务1　掌握阿拉伯数字的标准写法

 知识准备

◆ 阿拉伯数字应当一个一个地写，不得连笔写。阿拉伯金额数字前面应当书写货币币种符号或者货币名称简写和币种符号。币种符号与阿拉伯金额数字之间不得留有空白。凡阿拉伯数字前写有币种符号的，数字后面不再写货币单位。

◆ 所有以元为单位（其他货币种类为货币基本单位，下同）的阿拉伯数字，除表示单价等情况外,一律填写到角分;无角分的,角位和分位可写"00",或者符号"—";有角无分的,分位应当写"0",不得用符号"—"代替。

◆ 汉字大写数字金额如零、壹、贰、叁、肆、伍、陆、柒、捌、玖、拾、佰、仟、万、亿等,一律用正楷或者行书体书写,不得用0、一、二、三、四、五、六、七、八、九、十等简化字代替,不得任意自造简化字。大写金额数字到元或者角为止的,在"元"或者"角"字之后应当写"整"字或者"正"字;大写金额数字有分的,分后面不写"整"或"正"字。

◆ 大写金额数字前未印有货币名称的,应当加填货币名称,货币名称与金额数字之间不得留有空白。

◆ 阿拉伯金额数字中间有"0"时,汉字大写金额要写"零"字;阿拉伯数字金额中间连续有几个"0"时,汉字大写金额中可以只写一个"零"字;阿拉伯金额数字元位是"0",或者数字中间连续有几个"0"、元位也是"0"但角位不是"0"时,汉字大写金额可以只写一个"零"字,也可以不写"零"字。

具体要求

1. 掌握阿拉伯数字的书写。
2. 掌握汉字大写数字的书写。
3. 鉴别大小写金额的书写。

实训范例

例 1.1 阿拉伯数字的书写

阿拉伯数字的书写示例见表 1-1。

表 1-1

◆ 数字的写法是自上而下,先左后右,要一个一个写,不得连写。
◆ 字体要做到:大小均衡,位置适当,字体标准,书写规范,字迹工整、清晰。
◆ 字体自右上方向左下方倾斜地写,倾斜度约45°或60°。
◆ 数字要紧靠在凭证和账表行格的底线书写,高度应占行格高度的1/2或2/3,不得写满格,以便留有改错的空间。
◆ 除"7"和"9"要向左下方(过底线)长出1/4外,其他数字都要紧靠在凭证和账表行格的底线书写。"6"字的竖要上伸过顶线的1/4处。

项目一 会计基本技能

◆ 有"0"的数字不要有缺口,6、8、9、0等圆圈处必须封口。

例 1.2 汉字大写金额的书写

汉字大写金额参考字体见表1-2:

表1-2

零	壹	贰	叁	肆	伍	陆	柒	捌	玖	拾	佰	仟	万	亿	元	角	分
零	壹	贰	叁	肆	伍	陆	柒	捌	玖	拾	佰	仟	万	亿	元	角	分

◆ 汉字大写金额一律用正楷或者行书体书写,不得连笔书写。

◆ 不得用0、一、二、三、四、五、六、七、八、九、十等简化字代替,不得任意自造简化字,不得使用未经国务院公布的简化字或谐音字。

◆ "圆"与"元"、"整"与"正"可以通用。不能用"毛"代替"角"。

例 1.3 大小写金额的书写

大小写金额书写示例(见表1-3)。

表1-3

序号	会计凭证上的小写金额栏								原始凭证上的大写金额栏
	没有数位分隔线	有数位分隔线							
		十万	万	千	百	十	元	角	分	
1	¥0.01								1	人民币壹分
2	¥0.40							4	0	人民币⊗万⊗千⊗百⊗拾⊗元肆角零分
3	¥2.⌒或¥2.00							2	0	0	人民币贰元整
4	¥18.09						1	8	0	9	人民币壹拾捌元零玖分
5	¥630.06				6	3	0	0	6	人民币陆佰叁拾元零陆分
6	¥2010.70			2	0	1	0	7	0	人民币贰仟零壹拾元柒角整
7	¥51006.08		5	1	0	0	6	0	8	人民币伍万壹仟零陆元零捌分
8	¥103000.30	1	0	3	0	0	0	3	0	人民币壹拾零万叁仟零百零拾零元叁角零分

小写金额的书写

◆ 阿拉伯数字前面应当书写货币币种符号或者货币名称简称,如人民币符号"¥",币种符号和阿拉伯数字之间不得留有空白,以防止金额数字被人涂改。凡阿拉伯数字前写有币种符号的,数字后面不再写货币单位。货币符号主要应用于票证(发票、支票、存单等)原始凭证和记账凭证,在登记账簿、编制报表时,一般不使用货币符号。

◆ 在没有位数分隔线的凭证、账、表上,所有以元为单位的阿拉伯数字,除表示单价等情况外一律填至角分,角分同时为零时,可以用"00",或者符号"⌒";有角无分的,分位应当写"0",不得用符号"⌒"代替。例:¥100.00可写成¥100.⌒;也可写成¥100.00。

◆ 只有分位金额的,在元和角位上各写一个"0"并在元和角之间点一个小数点,如"¥0.01"。

◆ 金额的整数部分,可以从小数点向左按照"三位一节"用分节号","分开或者1/4空分开,如"￥6,789.00"或"￥6 789.00"。

◆ 有数位分隔线的凭证的标准写法:

① 对应固定的位数填写,不得错位,从最高位起,后面各数位格数字必须写完整。

② 只有分位金额的,在元和角位上均不得写"0"字;只有角位或角分位金额的,在元位上不得写"0"字。

③ 分位是"0"的,在分位上写"0";角分位都是"0"的,在角分位上各写一个"0"字,不能采用划线等方式代替。

例如:大写人民币肆千伍佰元整,小写应写成:

百	十	万	千	佰	十	元	角	分
			4	5	0	0	0	0

不能写成:

百	十	万	千	佰	十	元	角	分
			4	5	0	0		

也不能写成:

百	十	万	千	佰	十	元	角	分
			4	5				

大写金额的书写

◆ 货币名称与金额数字之间不得留有空位。有固定格式的重要单证,大写金额栏一般都印有货币名称(如"人民币")字样,大写金额前未印有的,应加填货币名称(如:"人民币")。

◆ "整"或"正"字的用法。大写金额到元或角为止的,在其后面写"整"或"正"字。到"分"为止的,则"分"后面不再加"整"或"正"字。

◆ 有关"零"的写法。小写金额整数位中连续有几个"0"时,大写金额中只写一个"零"字;小写金额元位是"0"但角位不是"0"时,大写金额可写"零",也可不写"零"字。数字尾部是"0"的,不管多少个,汉字大写到非零位后,只用一个"整"字结尾,不需要用"零"来表示。

◆ 金额前面有空位的处理。在印有大写金额万、仟、佰、拾、元、角、分位置的凭证上书写大写金额时,金额前面如有空位,可划"⊗"注销;金额中间有几个"0"(含分位),汉字大写金额就应写几个"零"字。如:￥100.50,大写金额应写成:人民币⊗万⊗仟壹佰零拾零伍元伍角零分。

◆ "壹拾几"的"壹"字不能遗漏。"拾"字仅代表位数,不是数字。

例1.4 大写金额的常见错误举例

常用错误举例见表1-4。

表 1-4

小写金额	大写金额		
	错误写法	错误原因	正确写法
¥900.00	人民币:玖佰元整	"人民币"后面多冒号	人民币玖佰元整
¥105.00	人民币壹佰另伍元整	"零"字写成"另"	人民币壹佰零伍元整
¥5 620.00	人民币　伍仟陆佰贰拾元整	"人民币"与第一个大写数字之间空位过大	人民币伍仟陆佰贰拾元整
¥180 000.00	人民币拾捌万元整	漏写"壹"字	人民币壹拾捌万元整
¥1 063.50	人民币壹仟零陆拾叁元伍角	少写"整"字	人民币壹仟零陆拾叁元伍角整
¥236.75	人民币贰佰叁拾陆元柒角伍分整	多写"整"字	人民币贰佰叁拾陆元柒角伍分
¥100 038.90	人民币拾万　仟　佰叁拾捌元玖角	漏写"壹"和"零"字	人民币壹拾万零叁拾捌元玖角整
¥200.60	人民币　万　仟贰佰　拾元陆角　分	空位前少"⊗"或"零"字	人民币⊗万⊗仟贰佰零拾零元陆角零分
¥5 250.60	人民币伍仟贰佰伍拾陆元零分	多写"零分",少写"角正"	人民币伍仟贰佰伍拾元陆角正
¥5 200.63	人民币伍仟贰佰零陆角叁分	漏写"元"字	人民币伍仟贰佰元零陆角叁分
¥700.04	人民币柒佰元肆分	漏写"零"字	人民币柒佰元零肆分

实训操作

▶ 实训1-1　金额书写练习

请完成表1-5中的金额书写。

表 1-5

零	壹	贰	叁	肆	伍	陆	柒	捌	玖	拾	佰	仟	万	元	角	分

续表

1	2	3	4	5	6	7	8	9	0	1	2	3	4	5	6	7	8	9	0	1	2	3	4	5	6	7	8	9	0

▶ **实训 1-2 大小写金额书写对比**

苏州市医药公司 2016 年 1 月库存现金和银行存款收付业务的发生额如下：

① 0.06 元   ② 0.50 元   ③ 6.50 元   ④ 10.04 元   ⑤ 990.12 元
⑥ 5 080.55 元   ⑦ 145 003.07 元   ⑧ 106 000.90 元   ⑨ 70 005.92 元   ⑩ 105 607.25 元

要求：试将这些金额的大小写按要求填写在表 1-6 内。

表 1-6

大小写金额书写练习用纸

序号	会计凭证上的合计金额栏								原始凭证上的大写金额栏
	没有数位分隔线	有数位分隔线							
		十万	千	百	十	元	角	分	
①									人民币(大写)： 十 万 仟 百 十 元 角 分
②									人民币(大写)：
③									
④									人民币(大写)： 十 万 仟 百 十 元 角 分
⑤									人民币(大写)：
⑥									
⑦									人民币(大写)： 十 万 仟 百 十 元 角 分
⑧									人民币(大写)：
⑨									
⑩									人民币(大写)： 十 万 仟 百 十 元 角 分

▶ **实训 1-3 更正大小写金额的书写错误**

要求：找出下列大小写金额错误之处，并按正确的书写方法予以更正。

1. 726.54

2. 人民币贰佰另陆元正

3. ￥34
4. 人民币叁仟两佰六拾元正
5. ￥586.7
6. 人民币拾伍万元整
7. ￥ 25 784.36
8. 人民币九佰叁拾肆元叁角
9. 人民币　柒千八百元整
10. ￥3 629.33 元
11. 人民币四万伍仟陆佰拾元叁角捌分整
12. （印有位数）人民币⊗万⊗仟叁佰⊗拾元肆角⊗分
13. （印有位数）人民币　万　仟伍佰零拾零元零角零分

实训体会

教师评价

任务2　掌握日期的标准写法

知识准备

◆ 支票、银行汇票、银行本票、商业汇票填写日期必须使用汉字大写。
◆ 在填写月、日时，若月为壹、贰和壹拾的，应在其前面加"零"字。
◆ 日为壹至玖和壹拾、贰拾、叁拾的，应在其前面加"零"字；日为拾壹至拾玖的，应在其前加"壹"字，以防涂改。

具体要求

1. 掌握日期小写。
2. 掌握日期大写。

实训范例

例1.5　票据日期的填写

月份的标准写法见表1-7。

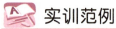

1月	2月	3月	4月	5月	6月
零壹月	零贰月	叁月	肆月	伍月	陆月
7月	8月	9月	10月	11月	12月
柒月	捌月	玖月	零壹拾月	壹拾壹月	壹拾贰月

日期的标准写法见表1-8。

表1-8

1日	2日	3日	4日	5日	6日
零壹日	零贰日	零叁日	零肆日	零伍日	零陆日
7日	8日	9日	10日	11日	12日
零柒日	零捌日	零玖日	零壹拾日	壹拾壹日	壹拾贰日
13日	14日	15日	16日	17日	18日
壹拾叁日	壹拾肆日	壹拾伍日	壹拾陆日	壹拾柒日	壹拾捌日
19日	20日	21日	22日	23日	24日
壹拾玖日	零贰拾日	贰拾壹日	贰拾贰日	贰拾叁日	贰拾肆日

项目一　会计基本技能

续表

25 日	26 日	27 日	28 日	29 日	30 日
贰拾伍日	贰拾陆日	贰拾柒日	贰拾捌日	贰拾玖日	**零叁拾日**
31 日					
叁拾壹日					

例 1.6　票据日期大小写书写例示（见表 1-9）

表 1-9

小写日期	大　　写	
	正确	错误
1 月 4 日	零壹月零肆日	壹月肆日
1 月 18 日	零壹月壹拾捌日	壹月拾捌日
2 月 15 日	零贰月壹拾伍日	贰月壹拾伍日
10 月 20 日	零壹拾月零贰拾日	壹拾月贰拾日
11 月 30 日	零壹拾壹月零叁拾日	拾壹月叁拾日

实训操作

▶ **实训 1-4　练习票据出票日期的书写**

【要求】将下列出票日期按要求大写。

1. 1 月 5 日
2. 1 月 10 日
3. 2 月 8 日
4. 2 月 12 日
5. 3 月 9 日
6. 4 月 20 日
7. 10 月 17 日
8. 11 月 30 日
9. 12 月 15 日

▶ **实训 1-5　鉴别票据出票日期填写的正确性**

【要求】找出下列出票日期的错误之处，并按正确的书写方法予以更正。

1. 1 月 9 日　　壹月玖日
2. 2 月 10 日　　贰月拾日
3. 3 月 6 日　　三月陆日
4. 5 月 17 日　　五月十七日
5. 7 月 20 日　　柒月贰拾日

6. 10月8日　　壹拾月八日
7. 11月9日　　拾壹月九日
8. 12月30日　　壹拾二月叁拾日

▶ 实训1-6　常用文字书写练习（见表1-10）

表1-10

库	存	现	金	银	行	存	款	其	他	货	币	资	金	交	易	性	金	融	资
产	应	收	票	据	应	收	账	款	预	付	账	款	应	收	利	息	应	收	股
利	其	他	应	收	款	坏	账	准	备	材	料	采	购	在	途	物	资	原	材
料	库	存	商	品	周	转	材	料	固	定	资	产	累	计	折	旧	无	形	资
产	待	处	理	财	产	损	溢	短	期	借	款	应	付	票	据	应	付	账	款
预	收	账	款	应	付	职	工	薪	酬	应	交	税	费	增	值	税	长	期	借
款	实	收	资	本	盈	余	公	积	本	年	利	润	分	配	生	产	成	本	制
造	费	用	主	营	业	务	收	入	公	允	价	值	变	动	损	益	投	资	收
益	营	业	税	金	及	附	加	管	理	费	用	财	务	费	用	销	售	费	用
其	他	业	务	成	本	期	初	余	额	期	末	余	额	累	计	季	年	月	日

实训体会

教师评价

项目二

原始凭证的填制

项目导航

【学习目标】
1. 知识目标：熟悉经济业务，了解原始凭证的内容，熟悉各种常用的原始凭证样式。
2. 能力目标：掌握各种原始凭证的具体填制要求，学会正确填制常用原始凭证。
3. 情感目标：通过熟悉原始凭证样式，掌握原始凭证的填制要求和具体填制，对会计工作的严谨、细致产生实在的感性认识。

【知识链接】
《会计基础工作规范》第四十八条　原始凭证的基本要求。

【主要内容】
1. 与银行有关的结算凭证填写。
2. 与销售有关的票据填写。
3. 企业内部常用单据填写。

任务1　掌握与银行业务有关的票据填写

知识准备

填制凭证的注意点：
◆ 真实可靠，内容完整，填制及时，书写清楚，顺序使用。
◆ 原始凭证记载的各项内容均不得涂改。
◆ 原始凭证有错误的，应当由出具单位重开或者更正，更正处应当加盖出具单位印章。
◆ 原始凭证金额有错误的，应当由出具单位重开，不得在原始凭证上更正。

项目二 原始凭证的填制

◆ 从外单位取得的原始凭证,必须盖有填制单位的公章;从个人取得的原始凭证,必须有填制人员的签名或者盖章。自制原始凭证必须有经办单位领导人或者其指定的人员签名或者盖章。对外开出的原始凭证,必须加盖本单位公章。

◆ 凡填有大小写金额的原始凭证,大小写金额必须相等。

◆ 购买实物的原始凭证,必须有验收证明。

◆ 一式几联的原始凭证必须注明各联的用途,并且只能以一联作为报销联。

◆ 职工公出借款凭据,必须附在记账凭证之后,不得退还。

◆ 经上级有关部门批准的经济业务,应当将批准文件作为原始凭证附件。

◆ 一式几联的发票收据和收据,必须用双面复写纸套写,并连续编号。

◆ 发票、收据、支票等作废时应加盖"作废"戳记,连同存根一起保存,不得撕毁。

具体要求

1. 掌握现金支票的填写与审核。
2. 掌握转账支票的填写与审核。
3. 掌握银行本票申请书的填写。
4. 掌握银行汇票申请书的填写。
5. 掌握信汇凭证的填写。
6. 掌握电汇凭证的填写。
7. 掌握银行承兑汇票的填写。
8. 掌握商业承兑汇票的填写。
9. 掌握托收承付凭证的填写。
10. 掌握委托收款凭证的填写。
11. 掌握进账单的填写。
12. 掌握银行借款单的填写。
13. 掌握现金解款单的填写。

实训范例

例2.1 现金支票的填写

张家港鑫泰金属制品有限公司于2016年2月15日开出一张10 000元的现金支票备用。现金支票票样见表2-1。(开户银行:工行张家港沙洲分理处,账号:320580610088,预留银行印鉴章为企业法人章"张家港鑫泰金属制品有限公司"和法人代表章"黄鑫泰")

表 2-1

中国工商银行 现金支票存根	中国工商银行 现金支票(苏) A08363952
支票号码 A08363952 附加信息 _____	出票日期(大写)贰零壹陆年零贰月壹拾伍日 付款行名称：工行张家港沙洲分理处 收款人：张家港鑫泰金属制品有限公司 出票人账号：320580610088
签发日期 2016 年 2 月 15 日 收款人：本公司 金　额：￥10 000.00 用　途：备用 单位主管　　会计：	人民币(大写)壹万元整 ￥10 000 00 用途　提现备用 上列款项请从我账户内支付 出票人签章 （盖章：张家港鑫泰金属制品有限公司 32050101003；泰黄印鑫） 复核　　记账

本支票付款期限十天

支票填写注意点：

◆ 出票日期要用汉字大写填列，不能小写。
◆ 支票号及付款行名称、出票人账号由开户行统一打印。
◆ 大小写金额一致，人民币大写金额要紧靠左侧填写。
◆ 支票要加盖法人章和财务专用章，要与银行预留印鉴一致。
◆ 人民币单位"圆"或"元"，"整"或"正"均正确。
◆ 收款单位将款项存入银行办理转账、提现时要在支票背面盖章（又称背书）。

例 2.2　银行本票申请书的填写

2016 年 12 月 13 日，业务员持采购资金 240 000 元，向南方钢铁公司购货（开户银行：台州市农业银行，账号：045782198，公司地址：台州市工业园路 90 号），向银行申请银行本票。

要求：填写银行本票申请书并取得由银行签发的银行本票（见表 2-2）。

表 2-2

银行本票申请书(存根)　　1　　00443330

申请日期　2016 年 12 月 13 日

申请人	苏州东吴有限责任公司	收款人	南方钢铁公司
账号或地址	工行吴中支行 369-539501040008434	账号或地址	台州市农业银行 045782198
用途	付料款	代理付款行	
本票金额	人民币(大写) 贰拾肆万元整		￥240 000 00
备注	（苏州东吴有限责任公司 财务专用章；明张印天）	科　目 对方科目 财务主管　复核　经办	中国工商银行 吴中支行 2016.12.13 转讫

项目二 原始凭证的填制

- ◆ 企业填写银行本票申请书,取得银行本票申请书回单。
- ◆ 银行签发银行本票并用压数机压印出票金额。
- ◆ 银行本票申请书联次:一式三联。

第一联:存根联,申请人留存;
第二联:借方凭证,出票行作借方凭证;
第三联:贷方凭证,出票行作贷方凭证。

实训操作

苏州东吴有限责任公司基本信息:

公司为增值税一般纳税人,纳税人识别号:320500760517166。公司地址:苏州市吴中大道28号;电话:65656677。开户行及账号:工行吴中支行369-539501040008434;纳税开户行:中国农业银行苏州分行,纳税账号:538201040084078。公司法人代表:张天明;财务科长:丁林;会计:张顺;出纳:王娜。

业务1 根据相关资料填制现金支票

2016年12月10日,东吴有限责任公司提现金2 900元,补足库存现金限额。要求:填写现金支票(见表2-3)。

表2-3

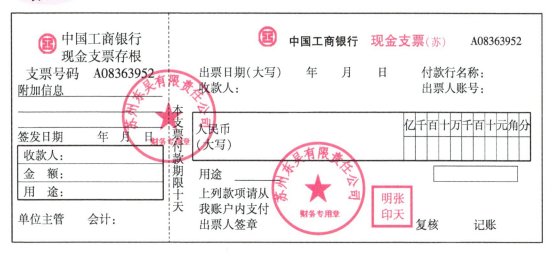

知识链接

现金支票沿虚线处剪开:
左侧部分:支票存根,用以开出单位记账;
右侧部分:送存银行,用于提取现金。

业务2 根据相关资料填制转账支票

2016年12月11日,开出转账支票,支付前欠张家港市佳顺电气件有限公司(开户行及账号:农行东吴支行20907908092001;纳税人识别号:320582736522944;地址:张家港市凤凰镇程墩村,56227788)货款30 041.10元。要求:填写转账支票(见表2-4)。

表 2-4

中国工商银行 转账支票存根		中国工商银行　转账支票(苏)　A39194060
支票号码　A39194060 附加信息 _____ _____ 签发日期　　年　月　日 收款人： 金　额： 用　途： 单位主管　　会计：	本支票付款期限十天	出票日期(大写)　　年　月　日　　付款行名称： 收款人：　　　　　　　　　　　　出票人账号： 人民币　　　　　　　　　　　　　亿千百十万千百十元角分 (大写) 用途 _____ 上列款项请从 我账户内支付 出票人签章　　　　　　　　　　复核　　　记账

附加信息：	被背书人
	（贴粘单处） 背书人签章 年　月　日

知识链接

转账支票沿虚线处剪开：

左侧部分：支票存根，用以开出单位记账；

右侧部分：送交经办人或客户，用于到银行转账。

业务 3　根据相关资料填制银行本票申请书

  2016 年 12 月 13 日，填制本票申请书取得本票，支付常熟开明有限公司（纳税人识别号：320503882090776；开户行及账号：中国建设银行苏州常熟支行 404104803010019807；地址、电话：常熟市东南开发区育才路 18 号，51681688）设备款 20 000 元。要求：填写银行本票申请书（见表 2-5）并取得由银行签发的银行本票。

表 2-5

银行本票申请书(存根)   1   0044490

申请日期　　年　月　日

申请人		收款人										
账号或地址		账号或地址										
用　途		代理付款行										
本票金额	人民币 （大写）			千	百	十	万	千	百	十	元	角	分
备注：		科　目 对方科目										
		财务主管　　复核　　　经办										

知识链接

银行本票申请书一式三联：

第一联：存根联，申请人留存；

第二联：借方凭证，出票行作借方凭证；

第三联：贷方凭证，出票行作贷方凭证。

业务 4　根据相关资料填制银行汇票申请书

2016 年 12 月 14 日，向大明公司(开户行：建设银行三明分行，账号：12042065)购买材料，采用银行汇票结算方式，公司将材料款 50 000 元交存银行，要求银行签发一张票面金额为 500 000 元的银行汇票。要求：填写银行汇票申请书(见表 2-6)。

表 2-6

知识链接

银行汇票申请书一式三联:

第一联:存根联,申请人留存;

第二联:借方凭证,出票行作借方凭证;

第三联:贷方凭证,出票行作贷方凭证。

取得的银行汇票一式四联:

第一联:卡片,出票行结清汇票时作汇出款借方凭证;

第二联:汇票,代理付款行付款后作联行往来借方凭证附件;

第三联:解讫通知,代理付款行兑付后随报单寄出票行,由出票行作多余款贷方凭证;

第四联:多余款收账通知,出票行结算多余款后交申请人。

业务5 根据相关资料填制信汇凭证

2016年12月15日,向辽宁省大连市起重机厂(开户行:工商银行沙何口区办事处,账号:6402114388253205874)以信汇方式预付款39 000元。要求:填写信汇凭证(见表2-7)。

表2-7

中国工商银行 信汇凭证(回单)				1						459528		
□普通 □加急 委托日期 年 月 日												
汇款人	全 称			收款人	全 称							
	账 号				账 号							
	汇出地点	省 市			汇入地点	省 市						
汇出行名称				汇入行名称								
金额	人民币(大写)			亿	仟	佰	十	万	仟	佰	十	元 角 分
款项已汇至收款人账户				支付密码								
				附加信息及用途:								
汇出行盖章				复核			记账					

此联给汇款人的汇款通知

知识链接

信汇凭证一式四联:

第一联:回单联,给付款人的回单;

第二联:借方凭证,汇出银行作借方凭证;

第三联:贷方凭证,汇入银行作贷方凭证;

第四联:收账通知或取款收据,汇给收款人的收账通知或代取款收据。

业务6　根据相关资料填制电汇凭证

2016年12月16日,公司采用电汇方式支付苏州友友信息公司(开户行:中国银行苏州平门支行,账号:78654258673)管理用软件一套,金额4 800元。要求:填制电汇凭证(见表2-8)。

表2-8

知识链接

电汇凭证一式三联:
第一联:回单联,汇出行给汇款人的回单;
第二联:借方凭证,汇出行作借方凭证;
第三联:发电依据,汇出行凭以拍发电报。

业务7　根据相关资料填制银行承兑汇票

2016年12月16日,公司因商品交易签发经中国工商银行承兑给浙江恒一科技有限公司(开户行:农行丽水分理处,账号:938101040002787)金额100 000元,3个月期限的银行承兑汇票一张。要求:填写银行承兑汇票(见表2-9)。

表 2-9

银行承兑汇票 2

出票日期　　　　年　月　日　　　　　　C A　00007079
（大写）　　　　　　　　　　　　　　　　0 1

出票人全称		收款人	全称	
出票人账号			账号	
付款行全称			开户银行	

出票金额	人民币（大写）		亿 仟 佰 十 万 仟 佰 十 元 角 分

汇票到期日（大写）		付款行	行号	
承兑协议编号			地址	

本汇票请你行承兑，到期无条件付款。	本汇票已经承兑，到期由本行付款。	
（苏州东吴有限责任公司 财务专用章）（明张印天）	（中国工商银行吴中支行 2016.12.16 票据专用章 08）承兑行签章	（张珊珊）
出票人签章	承兑日期：　年　月　日	复核　　记账

（寄付款人开户行作借方凭证附件）（此联持票人开户银行随托收凭证收附件）

银行承兑汇票2背面：

注 意 事 项

一、付款人于汇票到期日前须将票款足额交存开户银行，如账户存款余额不足时，银行比照空头支票处以罚款。

二、本汇票经背书可以转让。

被背书人	被背书人	被背书人
背书	背书	背书
日期　年　月　日	日期　年　月　日	日期　年　月　日

（贴粘单处）

知识链接

银行承兑汇票一式三联：

第一联：卡片，承兑行留存备查，到期支付票款时作借方凭证附件；

第二联：银行承兑汇票正联，收款人开户行随委托收款凭证寄付款行作借方凭证附件，可用于背书转让；

第三联：存根联，出票人存查。

业务 8　根据相关资料填制商业承兑汇票

2016 年 12 月 17 日；公司向武汉工贸商城（开户行：工行汉正街营业部，账号：1956005890094003512）购入原料，总价款人民币 352 000 元，买卖合同号 0312。要求：开具 6 个月期限的商业承兑汇票（见表 2-10）。

表 2-10

		商业承兑汇票　　2		$\dfrac{A\ A}{0\ 1}$　02004558

出票日期　　　　　年　月　日
（大写）

付款人	全　称		收款人	全　称	
	账　号			账　号	
	开户银行			开户银行	

出票金额	人民币（大写）		亿 仟 佰 十 万 仟 佰 十 元 角 分

汇票到期日（大写）		交易合同号码	

本汇票已经承兑，到期无条件支付票款。　　　　　本汇票请予以承兑于到期日付款。

（苏州东吴有限责任公司财务专用章）　（明张印天）　　　（中国工商银行吴中支行汇票专用章(08) 2016.12.17）　（张珊珊）

承兑人签章　　　　　　　　　　　　　　　出票人签章

承兑日期：　　　年　　月　　日

商业承兑汇票 2 背面：

注　意　事　项

一、付款人于汇票到期日前须将票款足额交存开户银行，如账户存款余额不足时，银行比照空头支票处以罚款。

二、本汇票经背书可以转让。

被背书人	被背书人	被背书人	（贴粘单处）
背书	背书	背书	
日期　年　月　日	日期　年　月　日	日期　年　月　日	

知识链接

商业承兑汇票一式三联：

第一联：卡片，承兑人留存；

第二联:商业承兑汇票,持票人开户行随委托收款凭证寄付款人,付款人开户行作借方凭证,可用于背书转让;

第三联:存根联,出票人存查。

业务9　根据相关资料填制托收承付凭证

2016年12月18日,采用托收承付结算方式向凯雷公司(开户行:中国银行彭城支行;账号:72389651;公司地址:彭城市建国路66号)销售电脑软件一套,金额3 800元,合同号HB-005,附单证3张,商品已随铁路发运,验单承付。要求:填制托收承付凭证(见表2-11)。

表2-11

中国工商银行托收承付结算凭证　(回单)　1													
签发日期:　年　月　日										托收号码:0103			
付款单位	全　称				收款单位	全　称							
	账　号					账　号							
	汇出地点		汇出行名称			汇入地点			汇入行名称				
托收金额	人民币(大写)				千	百	十	万	千	百	十	元	角	分
附　　件			商品发运情况			合同名称号码							
附寄单证张数或册数													
备注:			款项收妥日期										
						收款单位开户行签章								
			年　月　日								年　月　日		

知识链接

托收承付凭证一式五联:

第一联:受理回单,是收款人开户银行给收款人的受理回单;

第二联:贷方凭证,收款人开户银行作贷方凭证;

第三联:借方凭证,付款人开户银行作借方凭证;

第四联:汇款依据或收账通知,付款人开户银行凭以汇款或收款人开户银行作收账通知;

第五联:付款通知,付款人开户银行给付款人按期付款的通知。

业务10　根据相关资料填制委托收款凭证

2016年12月19日,公司销售一批产品(FJ-XM-20080628)给凯雷公司(开户行:中国银行彭城支行;账号:72389651;公司地址:彭城市建国路66号),价款50 000元,增值税8 500元,采用委托收款结算方式,单据2张。要求:填制委托收款凭证(见表2-12)。

表 2-12

中国工商银行委托收款凭证 （回单） 1

委托日期： 年 月 日

业务类型		委托收款(☑邮划、□电划)				托收承付(□邮划、□电划)			
付款人	全 称				收款人	全 称			
	账 号					账 号			
	地 址	市县	开户行			地 址	市县	开户行	
金额	人民币（大写）						千百十万千百十元角分		
款项内容		托运凭据名称				附寄单证张数			
商品发运情况					合同名称号码				
备注：		款项收妥日期							
复核	记账		年 月 日		收款人开户行签章			年 月 日	

知识链接

有些银行将委托收款和托收承付合并在一张凭证上供客户选择填制,也有些银行将委托收款和托收承付结算凭证分列显示。联次与托收承付凭证相同。

业务 11　根据相关资料填制进账单

2016 年 12 月 22 日,收到吴江市双福制造厂(纳税人识别号:320503882090776;开户行及账号:中国工商银行苏州吴江支行 1102020409000413543,地址、电话:吴江市盛泽路 18 号,62708780)一张金额为 10 123 元的转账支票,系上月所欠货款。公司当日将支票送存开户银行。要求:填写进账单(见表 2-13)。

表 2-13

中国工商银行 进 账 单(回单) 1

年 月 日

出票人	全 称			收款人	全 称			
	账 号				账 号			
	开户银行				开户银行			
人民币（大写）						千百十万千百十元角分		
票据种类			票据张数					
票据号码								
		复核　记账				开户银行签章		

此联出票人开户银行交给出票人的回单

知识链接

进帐单一式三联：

第一联：回单，开户银行交给持票人的回单；

第二联：贷方凭证，收款人开户银行作贷方凭证；

第三联：收账通知，收款人开户银行交给收款人的收账通知。

业务 12　根据相关资料填制银行借款单

2016 年 12 月 23 日，与中国工商银行签订借款合同，合同号 20101200，向中国工商银行借款 100 000 元，借款期限 6 个月，用于生产周转。要求：填制借款单（见表 2-14）。

表 2-14

借 款 借 据（入账通知）

（□短期□长期贷款）

合同编号：　　　借款日期：　年　月　日　　借据编号：

收款单位	名称		借款单位	名称	
	结算户账号			贷款户账号	
	开户银行			开户银行	

借款金额		千 百 十 万 千 百 十 元 角 分
借款原因及用途		批准借款利率　年息　　%

借款期限				你单位上列借款，已转入你单位结算户内，借款到期时由我行按期自你单位结算户转还。此致 中国工商银行吴中支行 2016.12.23 转讫 （银行签章）
期次	计划还款日期	√	计划还款金额	
1				借款单位（苏州东吴有限责任公司 财务专用章）
2				
3				
备注：明张印天				

此联由银行退借款单位作入账通知

伍

知识链接

借款借据一式五联：

第一联：贷款债权凭证，由银行会计部门留存；

第二联：贷款期限管理凭证，由银行信贷部门留存；

第三联：记账联，银行记账用；

第四联：存款账户贷方传票；

第五联：入账通知联，由银行退借款单位作入账通知。

业务 13　根据相关资料填制现金解款单

2016 年 12 月 25 日，出纳员将当天废料销售款 5 609 元现金存入银行（其中面额 100 元的纸币 50 张，面额 50 元的纸币 12 张，面额 5 元的纸币 1 张，面额 1 元的硬币 4 枚）。要求：

填制现金解款单(见表2-15)。

表 2-15

现金解款单

科目：　　　　　　　　　　　年　月　日

收款单位	全　称			款项来源										
	账　号		开户银行		解款部门									
人民币（大写）							千	百	十	万	千	百	十	元	角	分
票面	张数	百	十	万	千	百	十	元	票面	张数	千	百	十	元	角	分
一百元									二元							
五十元									一元							
二十元									角票							
十　元									分票							
五　元									其他							

（中国工商银行 吴中支行 2016.12.25 现金收讫 (08)）

知识链接

现金解款单一式两联：

第一联：银行记账凭证；

第二联：客户回单中。

实训体会

教师评价

任务2　掌握常用自制原始凭证的填写

知识准备

填制原始凭证的注意点：
- ◆ 真实可靠，内容完整，填制及时，书写清楚，顺序使用。
- ◆ 原始凭证记载的各项内容均不得涂改。
- ◆ 原始凭证有错误的，应当由出具单位重开或者更正，更正处应当加盖出具单位印章。
- ◆ 原始凭证金额有错误的，应当由出具单位重开，不得在原始凭证上更正。
- ◆ 自制原始凭证必须有经办单位领导人或者其指定的人员签名或者盖章。对外开出的原始凭证，必须加盖本单位公章。
- ◆ 凡填有大小写金额的原始凭证，大小写金额必须相等。
- ◆ 购买实物的原始凭证，必须有验收证明。
- ◆ 一式几联的原始凭证必须注明各联的用途，并且只能以一联作为报销联。
- ◆ 职工公出借款凭据，必须附在记账凭证之后，不得退还。
- ◆ 经上级有关部门批准的经济业务，应当将批准文件作为原始凭证附件。
- ◆ 一式几联的发票收据和收据，必须用双面复写纸套写，并连续编号。
- ◆ 发票、收据、支票等作废时应加盖"作废"戳记，连同存根一起保存，不得撕毁。

具体要求

1. 掌握增值税专用发票的填写。
2. 掌握普通发票的填写。
3. 掌握差旅费报销单的填写。
4. 掌握借款单的填写。
5. 掌握收据的填写。
6. 掌握入库单的填写。
7. 掌握收料单的填写。
8. 掌握领料单的填写。
9. 掌握发料凭证汇总表的填写。
10. 掌握制造费用分配表的填写。
11. 掌握工资费用分配表的填写。

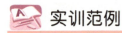
实训范例

例2.3　增值税专用发票的填写

2016年12月3日，东吴公司（公司信息见前）向长江公司（纳税人识别号：

320582736522945,开户行及账号:工行新区支行 20907908094508;地址:苏州市太湖大道 28 号)出售 A 产品 100 件,每件不含增值税的售价 1 060 元,计货款 106 000 元,增值税 18 020 元,产品已发出。要求:填制增值税专用发票(见表 2-16)。

表 2-16

江苏增值税专用发票

此联不作报销、扣税凭证用   No.06738888

开票日期:2016 年 12 月 03 日

购货单位	名　　称:长江公司 纳税人识别号:320582736522945 地　址、电　话:苏州市太湖大道 28 号 开户行及账号:工行新区支行 20907908094508		密码区	略			
货物或应税劳务名称	规格型号	单位	数量	单价	金　额	税率	税　额
A 产品		件	100	1 060.00	106 000.00	17%	18 020.00
合计					¥106 000.00		¥18 020.00
价税合计	人民币(大写) ⊗壹拾贰万肆仟零贰拾元整　(小写) ¥124 020.00						
销货单位	名　　称:苏州东吴有限责任公司 纳税人识别号:320500760517166 地　址、电　话:苏州市吴中大道 28 号 65656677 开户行及账号:工行吴中支行 369 - 539501040008434		备注				

收款人:　　　　复核:　　　　开票人:张玮　　　　销货单位:(章)

知识链接

增值税专用发票采用计算机打印发票,一式三联:

第一联:记账联,销货方记账凭证(不作报销、扣税凭证用,单位可不盖章);

第二联:抵扣联,购货方扣税凭证;

第三联:发票联,购货方记账凭证。

增值税专用发票为一般纳税人领用,用于销售货物或提供劳务时向付款人开具,小规模纳税人可以由税务机关代开。

价税合计是售价金额与税额的合计数。

例 2.4　收据的填写

2016 年 12 月 16 日,采购员王达因出差,预借 2 000 元差旅费,回来报销 1 654 元,余款退回。要求:开具收据(见表 2-17)。

表 2-17

收 款 收 据
No.0027930

2016 年 12 月 16 日

交款单位　王达		收款方式：现金
人民币（大写）　叁佰肆拾陆元正		￥346.00
收款事由　预借 2 000 元，实报 1 654 元，退回 346 元。	现金收讫	年　月　日

单位　　　主管　　　记账　　　出纳　　　审核　　　经办 王娜

知识链接

报销差旅费有余款退回时，必须开具收据。

收款方式有现金结算和转账结算方式两种。

出纳人员在办理收款或付款业务后，应在凭证上加盖"收讫"或"付讫"的戳记，以避免重收重付。

收据一式三联：

第一联：存根联；

第二联：收据，交付款人作为付款的凭证；

第三联：记账联，交财会部门据以记账。

一式多联的凭证均要一次性套写。

例 2.5　领料单的填写

2016 年 12 月 17 日，生产部程林领用甲材料 150 公斤，单价 200 元，用于制造风机。要求：填制领料单（见表 2-18）。

表 2-18

领　料　单

领料单位：生产部　　　　　　　　　　　　　编号：2010103
用　　途：风机　　2016 年 12 月 17 日　　　仓库：材料库

材料编号	材料名称	计量单位	规　格	数量		单价	金额
				请领	实发		
	甲材料	公斤		150	150	200	30 000.00
		合计		150	150	200	30 000.00

① 存根

领料部门负责人：　　　领料：程林　　　发料：陈仓　　　制单：程林

知识链接

领料单一式三联：

第一联：存根，由用料部门带回，作为核算的依据；

第二联：记账联，交财会部门据以记账；

项目二 原始凭证的填制

第三联:仓库记账联,由仓库留下作为登记原材料明细账数量减少的依据。

发出材料的单价要根据先进先出法、加权平均法或移动加权平均法等存货计价方法确定。

领料单有一单一料和一单多料两种格式。

实训操作

苏州东吴有限责任公司基本信息:

公司为增值税一般纳税人,纳税人识别号:320500760517166。公司地址:苏州市吴中大道28号;电话:65656677。开户行及账号:工行吴中支行369-539501040008434;纳税开户行:中国农业银行苏州分行,纳税账号:538201040084078。公司法人代表:张天明;财务科长:丁林;会计:张顺;出纳:王娜。

业务1 根据相关资料填制增值税专用发票

2016年12日3日,公司向张家港市通用电气制造有限公司(纳税人识别号:32058273652296;地址:张家港市港区镇人民南路28号;开户行及账号:工行东吴支行20907908094508)销售百叶窗20台(单价1 000元)和风机10台(单价600元)。要求:填制增值税专用发票(见表2-19)。

表2-19

江苏增值税专用发票

此联不作报销、扣税凭证用　　　　No.06738814

开票日期:　　年　月　日

购货单位	名　　　称: 纳税人识别号: 地　址、电　话: 开户行及账号:				密码区	略		
货物或应税劳务名称	规格型号	单位	数量	单价	金　额	税率	税　额
价税合计	人民币(大写)					(小写)	
销货单位	名　　　称: 纳税人识别号: 地　址、电　话: 开户行及账号:				备注		

收款人:　　　　复核:　　　　开票人:张玮　　　　销货单位:(章)

第一联　记账联　销货方记账凭证

业务2 根据相关资料填制普通发票

2016年12月3日,向个人田联销售钢架5件,每件售价100元(含增值税),王娜收到现金,开具销售发票。要求:填制销售收票(见表2-20)。

表 2-20

江苏省普通发票
存 根 联

142010623501
No.02036513
年　月　日

品名及规格	货物或劳务名称	单位	数量	单价	金额							
					万	千	百	十	元	角	分

金额(大写)　　　　　　　万　　仟　　佰　　拾　　元　　角　　分　　¥

备注

开票单位盖章　　　复核人　　　　　收款人　　　　　开票人

知识链接

普通发票一式三联：
第一联：存根联，收款方留存备查；
第二联：发票联，付款方报销凭证；
第三联：记账联，开票方记账原始凭证。

业务 3　根据相关资料填制差旅费报销单

2016 年 12 月 8 日，副总经理刘永明昆明出差回来报销来回火车票 2 张，计 1 076 元，交通车票 6 张，计 38 元，住宿费 1 张，计 2 500 元，伙食补贴每天 60 元。要求：填制差旅费报销单(见表 2-21)。

表 2-21

差旅费报销单

年　月　日　　　　　　　　　　　　　　单据张数　　张

姓名　　　　　　　部门　　　　　　　出差事由

起止日期		起止地点	火车费	市内车费	住宿费	途中伙食补助			住勤费		其他
月	日					标准	天数	金额	天数	金额	
		合　计									

人民币(大写)　　　　　　　　　　　　　　　　应退(补)：

审核　　　　　　　　　　主管　　　　　　　　　报销人

第一联　财务部门留存

项目二　原始凭证的填制

知识链接

差旅费报销单一式两联：

第一联：财务部门留存；

第二联：报销部门留存，用于统计相关部门费用开支。

业务4　根据相关资料填制借款单

2016年12月14日，销售科李明赴广州参加外贸洽谈会，经批准向财务科借差旅费10 000元，出纳员审核无误后以现金付讫。要求：根据资料填制借款单（见表2-22）。

表2-22

借　款　单

年　月　日

借款部门		职别		出差人姓名	
借款事由					
借款金额	人民币（大写）				现金付讫
批准人		部门负责人		财务负责人	

收款人：

知识链接

借款单一式两联：

第一联：会计保管；

第二联：经手人持有。

业务5　根据相关资料填制收据

2016年12月18日，公司收到设备临时出租的租金1 700元，租用人王宏。要求：王娜根据资料填写收据（见表2-23）。

表2-23

收　款　收　据　　　　No.0027937

年　月　日

交款单位：		收款方式：				
人民币（大写）			¥			
收款事由						现金收讫
						年　月　日
单位盖章		财会主管	记账	出纳	审核	经办

业务6　根据相关资料填制入库单

2016年12月31日，生产车间吕凡将刘检检验合格空调机10台，送交成品库管理员何必处，总成本38 000元。要求：填制产品入库单（见表2-24）。

表 2-24

<u>**库存商品入库单**</u>

交库单位：　　　　　　　　　　　　年　月　日　　　　　单位：元　　　　　　编号：1097

产品名称	规格	计量单位	交付数量	入库数量	单价	金额	备注

检验：　　　　　　　仓库验收：　　　　　　　　车间交件人：

知识链接

入库单一式三联：

第一联：仓库记账联；

第二联：财务记账联；

第三联：生产部门存查。

业务 7　根据相关资料填制收料单

2016 年 12 月 20 日，采购员刘林向苏州市相城区青台厂购入扣件 1 000 个，单价 2 元，增值税 340 元，另外支付运杂费 200 元，王江经验收合格无误。要求：填制收料单（见表 2-25）。

表 2-25

收 料 单

供应单位：　　　　　　　　　　　　年　月　日

发票号码：24186467　　　　　　　　　　　　　　　　　　　　　编号：01

材料编号	名称	规格	计量单位	数量		实际成本			
				应收	实收	单价	发票价格	运杂费	合计
备注：

仓库主管：　　　　　　记账员：　　　　　　验收人：　　　　　　交料人：

知识链接

收料单一式三联（也有一式四联，第四联交统计部门）：

第一联：存根；

第二联：由保管员用以登记材料保管账；

第三联：交财会部门，据以核算材料的实际成本。

项目二　原始凭证的填制

业务8　根据相关资料填制领料单

2016年12月21日,制造车间陈飞经部门负责人张春审批,领用Y132S-4-5.5KW电动机10台,单价600.00元,ZD70大齿轮5件,单价80元,均用于基本生产。陈仓核对无误后将材料发出。要求:邓平根据资料填制领料单(见表2-26)。

表2-26

领　料　单

领料单位:　　　　　　　　　　　　　　　　　　　　　编号:2010005
用　　途:　　　　　　　　　年　月　日　　　　　　　仓库:

材料编号	材料名称	计量单位	规　　格	数量 请领	数量 实发	单价	金额	③记账

领料部门负责人:　　　　　领料:　　　　　发料:　　　　　制单:

业务9　根据相关资料填制发料凭证汇总表

2016年12月31日,材料核算员根据本月领料凭证编制本月发料凭证汇总表(见表2-27)。
该月领料单如下:

领　料　单

领料单位:生产车间　　　　　　　　　　　　　　　　　　编号:1850
用　　途:生产风机　　　　　2016年12月6日　　　　　仓库:一号库

材料编号	材料名称	计量单位	数量 请领	数量 实发	规　　格	单价	金额	③记账
030215	原料	吨	4	4	φ25 mm钢管	4 000	16 000	
	辅助材料	千克	3	2	机油	515	1 030	
	合计						17 030	

记账:王锐　　　　发料:李平　　　　领料部门负责人:郭峰　　　　领料:刘晓东

领　料　单

领料单位:生产车间　　　　　　　　　　　　　　　　　　编号:1851
用　　途:生产百叶窗　　　　2016年12月10日　　　　 仓库:一号库

材料编号	材料名称	计量单位	数量 请领	数量 实发	规　　格	单价	金额	③记账
030211	原料	吨	2	2	φ30 mm钢管	23 000	46 000	
	辅助材料	千克	6	6	清洗剂	120	720	
	合计						46 720	

记账:王锐　　　　发料:李平　　　　领料部门负责人:郭峰　　　　领料:刘晓东

领 料 单

领料单位：生产车间 编号：1874
用　途：机器日常修理　2016 年 12 月 15 日　仓库：一号库

材料编号	材料名称	计量单位	数量 请领	数量 实发	规 格	单价	金额
068573	修理用备件	个	16	16	螺丝	15	240
	合计						240

③记账

记账：王锐　　发料：李平　　领料部门负责人：郭峰　　领料：刘晓东

领 料 单

领料单位：管理部门 编号：1896
用　途：办公品维修　2016 年 12 月 17 日　仓库：一号库

材料编号	材料名称	计量单位	数量 请领	数量 实发	规 格	单价	金额
068573	辅助材料	个	170	170	φ3 mm 电缆	6	1 020
	合计						1 020

③记账

记账：王锐　　发料：李平　　领料部门负责人：郭峰　　领料：牛丽杰

领 料 单

领料单位：生产车间 编号：1920
用　途：生产百叶窗　2016 年 12 月 20 日　仓库：二号库

材料编号	材料名称	计量单位	数量 请领	数量 实发	规 格	单价	金额
032564	原料	吨	5	5	钢材	2 500	12 500
032564	原料	吨	4	4	钢材	6 000	24 000
	合计						36 500

③记账

记账：王锐　　发料：张松　　领料部门负责人：郭峰　　领料：刘晓东

领 料 单

领料单位：生产车间 编号：1935
用　途：机器修理　2016 年 12 月 23 日　仓库：二号库

材料编号	材料名称	计量单位	数量 请领	数量 实发	规 格	单价	金额
067423	修理用备件	台	1	1	小型电机	1 500	1 500
	合计						1 500

③记账

记账：王锐　　发料：张松　　领料部门负责人：郭峰　　领料：刘晓东

领 料 单

领料单位：管理部门　　　　　　　　　　　　　　　　　编号：1944
用　　途：办公品维修　　　2016 年 12 月 28 日　　　仓库：二号库

材料编号	材料名称	计量单位	数量 请领	数量 实发	规　格	单价	金额
053111	辅助材料	平方米	10	10	铁皮	86	860
	合计						860

③记账

记账：王锐　　　发料：张松　　　领料部门负责人：郭峰　　　领料：牛丽杰

限额领料单

领料单位：生产车间　　　　　　　　　　　　　　　　　编号：1920
用　　途：生产百叶窗　　　2016 年 12 月 20 日　　　仓库：二号库
计划产量：100 台　　　　　　　　　　　　　　　　　材料单价：13.50

材料类别	材料名称	规格	计量单位	领用限额	全月实领
原材料	轴承	6215 型	个	460	460
领料日期	请领数量	实发数量	领料人签章	发料人签章	限额结余
1 月 5 日	80	80	刘晓东	张军	370
1 月 10 日	70	70	刘晓东	张军	300
1 月 15 日	85	85	刘晓东	张军	215
1 月 20 日	95	95	刘晓东	张军	120
1 月 25 日	70	70	刘晓东	张军	50
1 月 28 日	60	60	刘晓东	张军	0
合　计	460	460			

表 2-27

发料凭证汇总表

年　　月

	生产车间 生产风机	生产车间 生产百叶窗	车间一般耗用	管理部门	合计
原料及主要材料					
辅助材料					
外购半成品					
修理用备件					
燃料					
合　计					

主管：　　　　　　　　　审核：　　　　　　　　　制表：

业务 10　根据相关资料填制制造费用分配表

基本车间 12 月份共发生制造费用 73 500 元,按生产工人工资比例分配制造费用。本月生产百叶窗和风机两种产品,其中生产百叶窗工人工资 26 000 元,生产风机工人工资 14 000 元,车间管理人员工资 5 000 元。要求:王悦编写制造费用分配表(若除不尽,分配率保留小数点后两位)。制造费用分配表见表 2-28。

表 2-28

制造费用分配表

车间:　　　　　　　　　　　　　　年　月　日　　　　　　　　　　　　　单位:

分配对象	分配标准(　　)	分配率	分配金额
合　计			

主管:　　　　　　　　　　审核:　　　　　　　　　　制表:

知识链接

制造费用分配表是一张自制的原始凭证,用以归集和分配制造费用。

业务 11　月末,王悦计算完成工资结算汇总表(见表 2-29)并编制本月工资费用分配汇总表(见表 2-30)

表 2-29

工资结算汇总表

2016 年 12 月

人　员	工资	奖金	加班	缺勤应扣	应付工资	代扣款项				实发工资
						个税	保险	其他	合计	
生产车间										
生产风机工人	58 500	4 800	1 500	260		265	200			
生产百叶窗工人	36 200	2 700	930	190		235	235			
车间管理人员	7 500	1 000	420	270		175	205			
企业管理人员	7 850	450	280	240		115	190			
销售机构人员	5 000	420	170	130		20	155			
合　计										

主管:　　　　　　　　　　审核:　　　　　　　　　　制表:王悦

项目二　原始凭证的填制

表 2-30

工资费用分配汇总表

年　月　日

车间部门		应分配金额
车间生产人员工资		
	生产人员工资小计	
车间管理人员		
企业管理人员		
销售机构人员		
合　　计		

主管：　　　　　　审核：　　　　　　制表：

实训体会

教师评价

项目三

记账凭证的填制

 项目导航

【学习目标】

1. 知识目标:了解记账凭证的类别,熟悉各种记账凭证的填制内容。

2. 能力目标:掌握各种记账凭证的具体填制要求,能够填制常用的记账凭证。

3. 情感目标:通过熟悉记账凭证格式,掌握记账凭证的填制要求和具体填制方法,感受记账凭证在会计核算工作中的现实作用,培养认真、细致、严谨、规范的实际操作态度和职业品德。

【知识链接】

1.《会计基础工作规范》第三十七条、《会计法》第十条 进行会计核算的事项。

2.《会计基础工作规范》第五十条 记账凭证的类别。

3.《会计基础工作规范》第五十一条、第五十二条、第五十三条 记账凭证的填制要求。

4. 记账凭证又称记账凭单,或分录凭单,是会计人员根据审核无误的原始凭证按照经济业务事项的内容加以归类,并据以确定会计分录后所填制的会计凭证。它是登记账簿的直接依据。

5. 记账凭证按其适用的经济业务,分为专用记账凭证和通用记账凭证两类。

【主要内容】

1. 通用记账凭证的填制。

2. 专用记账凭证的填制。

项目三 记账凭证的填制

任务 1 掌握通用记账凭证的填制

知识准备

通用记账凭证是指用来记录各种经济业务的记账凭证。

具体要求

1. 记账凭证的内容必须具备:填制凭证的日期;凭证编号;经济业务摘要;会计科目;金额;所附原始凭证张数;填制凭证人员、稽核人员、记账人员、会计机构负责人、会计主管人。

2. 填制记账凭证时,应当对记账凭证进行连续编号。一笔经济业务需要填制两张以上记账凭证的,可以采用分数编号法编号。

3. 记账凭证可以根据每一张原始凭证填制,或者根据若干张同类原始凭证汇总填制,也可以根据原始凭证汇总表填制。但不得将不同内容和类别的原始凭证汇总填制在一张记账凭证上。

4. 除结账和更正错误的记账凭证可以不附原始凭证外,其他记账凭证必须附有原始凭证。如果一张原始凭证涉及几张记账凭证,可以把原始凭证附在一张主要的记账凭证后面,并在其他记账凭证上注明附有该原始凭证的记账凭证的编号或者附原始凭证复印件。

5. 如果在填制记账凭证时发生错误,应当重新填制。

6. 记账凭证填制完经济业务事项后,如有空行,应当自金额栏最后一笔金额数字下的空行处至合计数上的空行处划线注销。

7. 实行会计电算化的单位,对于机制记账凭证,要认真审核,做到会计科目使用正确,数字准确无误。打印出的机制记账凭证要加盖制单人员、审核人员、记账人员及会计机构负责人、会计主管人员印章或者签字。

实训范例

会计主体资料见表 3-1。

表 3-1

会计主体	苏州东吴有限责任公司	增值税率	17%
基本开户行	中国工商银行吴中支行	纳税人识别号	320500760517166
账 号	369-539501040008434	纳税开户行	中国农业银行苏州分行
单位负责人	张天明	账 号	538201040084078
出 纳	吴 敏	地 址	苏州市吴中大道 28 号
记 账	林 迪	电 话	0512-65656677
会计主管	艾 玲		

例 3.1　通用记账凭证的填制

苏州东吴有限责任公司于 2016 年 12 月 1 日开出现金支票 10 000 元一张，提现备用（见表 3-2）。

（支票存根联作为原始凭证）

表 3-2

记账凭证的填制见表 3-3。

表 3-3

记 账 凭 证

2016 年 12 月 1 日

总号	
分号	1

摘要	会计科目		√	借方金额										贷方金额										
	一级科目	明细科目		亿	千	百	十	万	千	百	十	元	角	分	亿	千	百	十	万	千	百	十	元	角	分
提现备用	库存现金						1	0	0	0	0	0	0												
	银行存款																		1	0	0	0	0	0	0
合　　计						¥	1	0	0	0	0	0	0				¥	1	0	0	0	0	0	0	

附件 1 张

会计主管：　　　记账：　　　　　复核：　　　　　制单：吴敏

实训操作

根据原始凭证填制通用记账凭证。

业务 1

2016 年 12 月 2 日,收到银行收账通知(见表 3-4),振华电器有限公司根据投资合同的约定将投资款存入银行。

表 3-4

中国工商银行进账单(收账通知) 3

2016 年 12 月 2 日　　　　　　　　　　　第 0363 号

出票人	全　称	苏州市振华电器有限公司	收款人	全　称	苏州东吴有限责任公司	此联收款人开户银行交给收款人的收账通知
	账　号	20907908092002		账　号	369－539501040008434	
	开户银行	中国农业银行东吴支行		开户银行	中国工商银行吴中支行	
人民币（大写）	陆拾万元整				千 百 十 万 千 百 十 元 角 分 ¥　　6 0 0 0 0 0 0 0	
票据种类	转账支票					
票据张数	壹		中国工商银行 吴中支行 2016.12.02 收讫			
单位主管　　会计　　复核　　记账				出票人开户行盖章		

业务 2

2016 年 12 月 7 日,购进 A 材料取得增值税专用发票(见表 3-5、表 3-6)。保管人员填制收料单(见表 3-8),材料已如数入库,根据合同的约定当即付清货款(见表 3-7)。

表 3-5

江苏增值税专用发票
抵 扣 联

3200092170

No.06738814

开票日期：2016 年 12 月 7 日

购货单位	名　　称：苏州东吴有限责任公司 纳税人识别号：320500760517166 地址、电话：苏州市吴中大道 28 号 开户行及账号：工行吴中支行 369-539501040008434	密码区	略			
货物或应税劳务名称	规格型号	单位	数量	单价	金额	税率	税额
A 材料		吨	200.00	380.00	76 000.00	17%	12 920.00
合计					¥76 000.00		¥12 920.00
价税合计	人民币（大写）⊗　　　　捌万捌仟玖佰贰拾元整　　　（小写）　¥88 920.00						
销货单位	名　　称：张家港市通用电气制造有限公司 纳税人识别号：32058273652296 地址、电话：张家港市港区镇人民南路 28 号 开户行及账号：农行东吴支行 20907908094508	备注				

收款人：　　　复核：　　　开票人：张玮　　　销货单位：（章）

（凭证 1）

表 3-6

江苏增值税专用发票
发　票　联

3200092170

No.06738814

开票日期：2016 年 12 月 7 日

购货单位	名　　称：苏州东吴有限责任公司 纳税人识别号：320500760517166 地址、电话：苏州市吴中大道 28 号 开户行及账号：工行吴中支行 369-539501040008434	密码区	略			
货物或应税劳务名称	规格型号	单位	数量	单价	金额	税率	税额
A 材料 合计		吨	200.00	380.00	76 000.00 ¥76 000.00	17%	12 920.00 ¥12 920.00
价税合计	人民币（大写）⊗　　　　捌万捌仟玖佰贰拾元整　　　（小写）　¥88 920.00						
销货单位	名　　称：张家港市通用电气制造有限公司 纳税人识别号：32058273652296 地址、电话：张家港市港区镇人民南路 28 号 开户行及账号：农行东吴支行 20907908094508	备注				

收款人：　　　复核：　　　开票人：张玮　　　销货单位：（章）

（凭证 2）

表3-7

（凭证3）

表3-8

收 料 单

2016年12月7日

供货单位：张家港市通用电气制造有限公司　　　　　　材料类别：A材料
发票号码 No.06738814　　　　　　　　　　　仓库：1　　编号：0355

材料编号	名称	规格	计量单位	数量		买价		运杂费	其他	合计	第三联 财务留存
				应收	实收	单价	金额				
	A材料		吨	200	200	380	76 000			76 000	
合　计				200	200		76 000			¥76 000	

仓库负责人：　　　　　　　　　验收人：李珊　　　　　　　　制单人：古灵

（凭证4）

业务3

2016年12月8日，业务员钱能出差预借差旅费。财务人员根据审核无误的暂支单（见表3-9）付现金3 000元。

表3-9

暂 支 单

2016年12月8日　　　　　　　　　　　　　　　　　　　　　　　　编号：35

受款人		钱　　能	
暂支理由	预借差旅费		现金付讫
暂支金额	人民币（大写）叁仟元整		小写¥3 000.00

财务主管：　　　　记账：　　　　出纳：吴敏　　　　受款人：钱能

业务 4

2016年12月12日,企业以存款支付下年度书报费,书报费发票见表3-10,现金支票存根见表3-11。

表 3-10-1

江苏增值税专用发票
发票联

3200092270   NO 06736814
开票日期:2016年12月7日

购货单位	名　　称:苏州东吴有限责任公司 纳税人识别号:320500760517166 地址、电话:苏州市吴中大道28号 开户行及账号:农行苏州分行538201040084071	密码区	略

货物或应税劳务名称	规格型号	单位	数　量	单价	金　额	税率	税　额
报刊杂志		份	4.00	75.77	303.06	11%	33.34
合计					￥303.06		￥33.34
价税合计	人民币(大写)⊗	叁佰叁拾陆元肆角整		(小写)	￥336.40		

销货单位	名　　称:中国邮政公司苏州宝带路分公司 纳税人识别号:32058273652848 地址、电话:吴中区宝带西部 开户行及账号:农行东吴支行20907908094508	备注	

收款人:　　　复核:　　　开票人:张玮　　　销货单位:(章)

表 3-10-2

江苏增值税专用发票
抵扣联

3200092270   NO 06736814
开票日期:2016年12月7日

购货单位	名　　称:苏州东吴有限责任公司 纳税人识别号:320500760517166 地址、电话:苏州市吴中大道28号 开户行及账号:农行苏州分行538201040084071	密码区	略

货物或应税劳务名称	规格型号	单位	数　量	单价	金　额	税率	税　额
报刊杂志费		份	4.00	75.77	303.06	11%	33.34
合计					￥303.06		￥33.34
价税合计	人民币(大写)⊗	叁佰叁拾陆元肆角整		(小写)	￥336.40		

销货单位	名　　称:中国邮政公司苏州宝带路分公司 纳税人识别号:32058273652848 地址、电话:吴中区宝带西部 开户行及账号:农行东吴支行20907908094508	备注	

收款人:　　　复核:　　　开票人:张玮　　　销货单位:(章)

表 3-11

业务 5

2016 年 12 月 15 日,财会人员根据审核无误的差旅费报销单(见表 3-12)给业务员钱能报销差旅费 2 430 元,原借款 3 000 元,余款退回现金(见表 3-13)。

表 3-12

差 旅 费 报 销 单

2016 年 12 月 15 日

姓名	钱能	部门	销售部门	同行人员姓名		出差事由	参加展销会		
起讫日期按日填写清楚				起讫地点	出差补贴	费用项目	凭证张数	金额	备注
12月9日7时至12月12日18时				苏州 至 广州		车船交通费		1 320.00	
月 日 时至 月 日 时				至		市内交通费		88.00	
月 日 时至 月 日 时				至		旅馆住宿费		960.00	
月 日 时至 月 日 时				至		夜车补贴			
月 日 时至 月 日 时				至		其他		62.00	
月 日 时至 月 日 时				至		总计		¥2 430.00	
月 日 时至 月 日 时				至				(大写)贰仟肆佰叁拾元整	

外来凭证粘贴在反面

同意报销 王大为 2016.12.15

总经理审批: 财务审核: 主管部审核: 经办报销人: 领款人:钱能

(凭证1)

表 3-13

收 款 收 据

2016 年 12 月 15 日　　　　　　　　　　　　　　　　No. 1002365

交款单位 钱能	收款方式 现金
人民币(大写) 伍佰柒拾元整	￥570.00
收款事由 收回多余的预支差旅费	

单位盖章　　　　　　　　　　出纳 吴敏　　　　　　　经办

（凭证2）

业务6

2016 年 12 月 17 日，报销生产科评审机构人员招待费，招待费发票见表 3-14。

表 3-14

浙江增值税普通发票
发 票 联

3200092270　　　　　　　　　　　　　　　　　　NO 06736825

开票日期：2016 年 12 月 7 日

购货单位	名　　称：苏州东吴有限责任公司 纳税人识别号：320500760517166 地　址、电话：苏州市吴中大道 28 号 开户行及账号：农行苏州分行 538201040084071	密码区	略

货物或应税劳务名称	规格型号	单位	数 量	单 价	金　额	税率	税　额
餐费			1.00	1 196.23	1 196.23	6%	71.77
合计					￥1 196.23		￥71.77

价税合计	人民币(大写)⊗　　壹仟贰佰陆拾捌元整　　（小写）　￥1 268.00

销货单位	名　　称：钱塘人家川浙汇有限公司 纳税人识别号：33068277365200 地　址、电话：浙江省嘉兴市越秀区 11 号 057322876 开户行及账号：农行嘉兴支行 20907908094510	备注	

收款人：　　　　复核：　　　　开票人：张玮　　　　销货单位：(章)

业务7

2016 年 12 月 20 日，采用提货制销售甲产品 100 件，销售科业务员开出增值税专用发票（见表 3-15）。购货方以转账支票结算货款，财会人员当日填写存款单将支票送存银行（见表 3-16）。

表 3-15

江苏增值税专用发票
此联不作报销、扣税凭证用

No.06738825

3200092188　　　　　　　　　　　　　　　　　　　　　　　开票日期：2016 年 12 月 20 日

购货单位	名　　称：张家港市宏伟有限公司 纳税人识别号：320582736522999 地　址、电　话：张家港市杨舍镇青墩村 开户行及账号：农行东吴支行 20907908092566	密码区	略

货物或应税劳务名称	规格型号	单位	数　量	单　价	金　额	税率	税　额
甲产品		件	100.00	610.00	61 000.00	17%	10 370.00
合　计					￥61 000.00		￥10 370.00
价税合计	人民币（大写）⊗	柒万壹仟叁佰柒拾元整		（小写）	￥71 370.00		

销货单位	名　　称：苏州东吴有限公司 纳税人识别号：320500760517166 地　址、电　话：苏州市吴中大道 28 号 开户行及账号：中国工商银行吴中支行 　　　　　　　369－539501040008434	备注	

收款人：　　　　　复核：　　　　　开票人：陈伟　　　　　销货单位：（章）

（凭证 1）

表 3-16

中国工商银行进账单（收账通知） 3

2016 年 12 月 20 日　　　　　　　　　　　　　　　　　　　　　　　第 0363 号

出票人	全　　称	张家港市宏伟有限公司	收款人	全　　称	苏州东吴有限责任公司
	账　　号	20907908092566		账　　号	369－539501040008434
	开户银行	中国农业银行东吴支行		开户银行	中国工商银行吴中支行

人民币（大写）	柒万壹仟叁佰柒拾元整	千	百	十	万	千	百	十	元	角	分
				￥	7	1	3	7	0	0	0

票据种类	转账支票	
票据张数	壹	
单位主管　会计　复核　记账	出票人开户行盖章	

中国工商银行
吴中支行
2016.12.20
转讫

（凭证 2）

业务 8

2016 年 12 月 22 日，生产部门领用 A 材料（见表 3-17）。

表 3-17

领 料 单

领用部门：基本生产一车间　　2016 年 12 月 22 日　　　　　材料类别：A 材料
用　　途：生产甲产品　　　　仓库：1　　　　　　　　　　编号：031

材料编号	名 称	规格	计量单位	数量 应领	数量 实发	单价	金额	合计
	A 材料		吨	50	50	380	19 000	19 000
合　　　计				50	50		19 000	￥19 000
				（大写）壹万玖仟元整				

第三联　财务留存

仓库负责人：　　　　　　　发料人：田晓　　　　　　　　制单人：司琪

业务 9

2016 年 12 月 31 日，财会人员根据上月固定资产折旧额，调整编制本月固定资产折旧计算表（见表 3-18）。计提本月固定资产折旧。

表 3-18

固定资产折旧计算表

2016 年 12 月 31 日

使用部门	上月固定资产折旧额	上月增加固定资产应计提折旧额	上月减少固定资产应计提折旧额	本月应计提折旧额
车　　间	48 520.00	2 000.00	1 500.00	49 020.00
厂　　部	15 000.00	—	800.00	14 200.00
合　　计	63 520.00	2 000.00	2 300.00	63 220.00

主管：张明　　　　　　　审核：王启　　　　　　　制单：鲁明

业务 10

2016 年 12 月 31 日，产成品验收入库（见表 3-19）。

表 3-18

产成品入库单

第 089 号

交库单位：二车间　　　　　　　　2016 年 12 月 31 日　　　　　　　　仓库号：2

产品名称	规格与型号	质量等级	单位	数量	单位成本	金额	备注
B 产品		一等品	件	120	450	54 000	
合计				120		￥54 000	

验收：查红　　　　　　仓库负责人：　　　　　　制单：王明　　　　　　会计：

 实训体会

 教师评价

任务2 掌握专用记账凭证的填制

知识准备

◆ 专用记账凭证:用来专门记录某一类经济业务的记账凭证。专用凭证按其所记录的经济业务与现金、银行存款的收付有无关系,又分为收款凭证、付款凭证和转账凭证三种。

◆ 收款凭证:用于记录库存现金和银行存款收款业务的会计凭证。它是根据有关现金和银行存款收入业务的原始凭证填制的,是登记现金日记账、银行存款日记账以及有关明细账和总账等账簿的依据,也是出纳人员收讫款项的依据。

◆ 付款凭证:用于记录库存现金和银行存款付款业务的会计凭证。它是根据有关现金和银行存款支付业务的原始凭证填制的,是登记现金日记账、银行存款日记账以及有关明细账和总账等账簿的依据,也是出纳人员付讫款项的依据。

◆ 转账凭证:用于记录不涉及库存现金和银行存款业务的会计凭证。它是根据有关转账业务的原始凭证填制的,是登记总分类账及有关明细分类账的依据。

◆ 收款凭证和付款凭证还应当由出纳人员签名或者盖章。涉及现金和银行存款的相互划转业务时,只填制付款凭证。

具体要求

必须针对原始凭证做出判断,确定所需填制记账凭证的类型后,再填制。各记账凭证的编号按三类编号法编制。

实训范例

会计主体资料同本项目任务1实训范例。

例3.2 收款凭证的填制

2016年12月2日,收到银行收账通知(见表3-20),振华电器有限公司根据投资合同的约定将投资款存入银行。

表 3-20

中国工商银行进账单（收账通知） 3

2016 年 12 月 2 日　　　　　第 0363 号

出票人	全称	苏州市振华电器有限公司	收款人	全称	苏州东吴有限责任公司
	账号	20907908092002		账号	369-539501040008434
	开户银行	中国农业银行东吴支行		开户银行	中国工商银行吴中支行

人民币（大写）	陆拾万元整	￥ 6 0 0 0 0 0 0 0

| 票据种类 | 转账支票 |
| 票据张数 | 壹 |

单位主管　　会计　　复核　　记账　　　　出票人开户行盖章

（中国工商银行吴中支行 2016.12.02 转讫）

此联收款人开户银行交给收款人的收账通知

收款凭证的填制见表 3-21。

表 3-21

收 款 凭 证

2016 年 12 月 2 日

应借科目		总号	1
库存现金	银行存款	分号	1
	√		

摘　要	应贷科目			金　额								
	一级科目	明细科目	√	亿	仟	佰	拾	万	仟	佰	拾	元	角	分
收到投资款	实收资本	振华公司					6	0	0	0	0	0	0	0
合　计				￥			6	0	0	0	0	0	0	0

会计主管：　　　记账：　　　复核：艾玲　　　制单：吴敏

附件 1 张

例 3.3 付款凭证的填制

苏州东吴有限责任公司于 2016 年 12 月 4 日开出现金支票 10 000 元一张（见表 3-22），提现备用。

表 3-22

付款凭证的填制见表 3-23。

表 3-23

付 款 凭 证

2016 年 12 月 4 日

总号 2
分号 1

应贷科目	
库存现金	银行存款
	√

摘 要	应借科目			金额									
	一级科目	明细科目	√	亿	仟	佰	拾	万	仟	佰	拾	元	角	分
提现备用	库存现金							1	0	0	0	0	0	0
合　　计				¥				1	0	0	0	0	0	0

附件 1 张

会计主管：　　　记账：　　　复核：　　　制单：吴敏

例 3.4　转账凭证的填制

2016 年 12 月 22 日,生产部门领用 A 材料(见表 3-24)。

表 3-24

领　料　单

2016 年 12 月 22 日

领用部门：基本生产一车间　　　　　　　　　　材料类别：A 材料
用　　途：生产甲产品　　　　　　　　　　　　仓库：1　编号：031

材料编号	名称	规格	计量单位	数量 应领	数量 实发	单价	金额	合计
	A 材料		吨	50	50	380	19 000	19 000
	合计			50	50		19 000	¥19 000
				(大写)壹万玖仟元整				

第三联　财务留存

仓库负责人：　　　　　　　发料人：田晓　　　　　　　制单人：司琪

转账凭证的填制见表 3-25。

表 3-25

转　账　凭　证

2016 年 12 月 22 日

总号　3
分号　1

摘要	会计科目 一级科目	会计科目 明细科目	√	借方金额 亿仟佰拾万仟佰拾元角分	贷方金额 亿仟佰拾万仟佰拾元角分
生产领料	生产成本	甲产品		1 9 0 0 0 0 0	
	原材料	A 材料			1 9 0 0 0 0 0
合　计				¥1 9 0 0 0 0 0	¥1 9 0 0 0 0 0

附件1张

会计主管：　　　　　记账：　　　　　复核：　　　　　制单：林迪

实训操作

根据原始凭证填制各类专用记账凭证：

业务 1

2016 年 12 月 3 日，支付产品样品费 5 400 元（见表 3-26）。

表 3-26

中国工商银行苏州分行客户终端代用凭证 ②

2016 年 12 月 3 日　　　　　　　　　　　　　　　　　　编号　1765012506243

付款人名称	苏州东吴有限责任公司
付款人账号	369－539501040008434
收款人名称	深圳市来宝有限公司
收款人账号	817610756308091003
收款人开户行	中国银行深圳分行西乡支行
金额（大写）　伍仟肆佰元整	￥5 400.00
会计分录　借　贷	业务种类　　转讫（1）
用途　样品费	备注

第二联　支款通知

复核：　　　　　　　　　　经办：　　　　　　　　　　汇款：

（中国工商银行吴中支行 2016.12.03 转讫（1））

业务 2

2016 年 12 月 8 日，收到采购商预付款 10 000 元（见表 3-27）。

表 3-27

中国工商银行联行来账凭证

	2016 年 12 月 08	大额支付	
付款人账号：	6222601310012653134	付款人名称：	深圳神力公司
收款人账号：	369－539501040008434	收款人名称：	苏州东吴有限责任公司
收款人开户行行号：	301584000013	收款人开户行行号：	103305055041
发起行行号：	301584000013	发起行名称：	交通银行深圳分行
接收行行号：	103305055041	接收行名称：	中国工商银行吴中支行
币种：	人民币	交易金额：	10 000.00
交易金额：	壹万元整		
报单日期：20101208	支付交易序号：	2606703	业务种类：汇兑
交易种类：大额	入账日志号：	743662296	

第三联　客户入账通知

上述款项已代转账，如有疑问，请持此单来行面洽
此致
（开户单位）

（中国工商银行吴中支行 2016.12.08 转讫（2））

复核　　　　　　　　　　　　　　　　　　　　打印

业务 3

2016 年 12 月 10 日，购入 B 材料，款项未付（见表 3-28 和表 3-29）。

表 3-28

江苏增值税专用发票
抵 扣 联

3200092170　　　　　　　　　　　　　　　　　　　　　　　No.06739234

开票日期：2016 年 12 月 10 日

购货单位	名　　称：苏州东吴有限责任公司 纳税人识别号：320500760517166 地址、电话：苏州市吴中大道 28 号 开户行及账号：工行吴中支行 369-5395010400084	密码区	略		
货物或应税劳务名称	规格型号	单位	数　量	单价	金　额	税率	税　额
B 材料		吨	360.00	42.00	15 120.00	17%	2 570.40
合计					¥15 120.00		¥2 570.40
价税合计	人民币（大写）⊗　壹万柒仟陆佰玖拾元肆角整　（小写）¥17 690.40
销货单位	名　　称：吴江市顺达制造有限公司 纳税人识别号：32058273633646 地址、电话：吴江市震泽镇西江路 3 号 开户行及账号：农行东吴支行 20907708694322	备注			

收款人：　　　复核：　　　开票人：张玮　　　销货单位：（章）

表 3-29

江苏增值税专用发票
发 票 联

3200092170　　　　　　　　　　　　　　　　　　　　　　　No.06739234

开票日期：2016 年 12 月 10 日

购货单位	名　　称：苏州东吴有限责任公司 纳税人识别号：320500760517166 地址、电话：苏州市东吴中大道 28 号 开户行及账号：工行吴中支行 369-5395010400084	密码区	略		
货物或应税劳务名称	规格型号	单位	数　量	单价	金　额	税率	税　额
B 材料		吨	360.00	42.00	15 120.00	17%	2 570.40
合计					¥15 120.00		¥2 570.40
价税合计	人民币（大写）⊗　壹万柒仟陆佰玖拾元肆角整　（小写）¥17 690.40
销货单位	名　　称：吴江市顺达制造有限公司 纳税人识别号：32058273633646 地址、电话：吴江市震泽镇西江路 3 号 开户行及账号：农行东吴支行 20907708694322	备注			

收款人：　　　复核：　　　开票人：张玮　　　销货单位：（章）

业务 4

2016 年 12 月 13 日，发放上月工资（见表 3-30 和表 3-31）。

表 3-30

表 3-31

2016 年 11 月份工资发放明细表

单位：生产营销料　　　　　　　　　　　　　　　　　　　　　人数：24 人

序号	姓名	系数				基数	岗位工资	年功及政策性津补贴	加班工资	中、夜班工资	应发数	代扣款项	实发工资	签名	银行账号
		基本岗系	工龄	技能	系数合计										
1	韩 冰	4.0	0.3	0.0	4.3	800	3 440.00	339.40			3 779.40	741.74	3 037.66		211 292
2	熊国进	2.4	0.0	0.0	2.4	800	1 920.00	216.70	120.00	52.5	2 309.20	573.16	1 736.04		354 483
3	纪柏林	2.4	0.1	0.1	2.6	800	2 080.00	260.10	120.00	52.5	2 512.60	634.53	1 878.07		165 742
4	陈平凡	3.6	0.3	0.0	3.9	800	3 120.00	480.80			3 600.80	717.48	2 883.32		208 240
5	汤志炉	2.1	0.1	0.1	2.3	800	1 840.00	282.20	120.00		2 242.20	585.21	1 656.99		736 301
6	付方才	2.8	0.2	0.0	3.0	800	2 400.00	293.40	120.00		2 813.40	686.22	2 127.18		361 834
7	孙 林	2.2	0.1	0.0	2.3	800	1 840.00	225.00	120.00		2 185.00	551.00	1 634.00		217 130
8	郭 辉	2.4	0.1	0.1	2.6	800	2 080.00	246.30	120.00	52.5	2 498.80	689.79	1 809.01		756 911
9	黄 波	2.4	0.1	0.1	2.6	800	2 080.00	225.70	120.00	52.5	2 478.20	622.21	1 855.99		325 791
10	王 刚	2.4	0.1	0.1	2.6	800	2 080.00	291.40	120.00	52.5	2 543.90	632.30	1 911.60		480 381
11	闵树林	2.4	0.1	0.1	2.6	800	2 080.00	242.60	120.00	52.5	2 495.10	566.31	1 928.79		382 149
12	毛德华	2.4	0.0	0.0	2.4	800	1 920.00	201.00	120.00	52.5	2 293.50	474.48	1 819.02		614 471
13	胡灵英	2.2	0.1	0.0	2.3	800	1 840.00	195.00	132.00		2 167.00	550.00	1 617.00		871 602
14	黄少军	2.4	0.0	0.0	2.4	800	1 920.00	220.10	120.00		2 260.10	612.91	1 647.19		609 501

续表

序号	姓名	系数 基本岗系	系数 工龄	系数 技能	系数合计	基数	岗位工资	年功及政策性津补贴	加班工资	中、夜班工资	应发数	代扣款项	实发工资	签名	银行账号
15	吴 瑛	3.0	0.2	0.0	3.2	800	2 560.00	251.20	120.00		2 931.20	675.52	2 255.68		337 377
16	吴兴国	2.1	0.1	0.1	2.3	800	1 840.00	249.40			2 089.40	605.00	1 484.40		883 161
17	孙永清	3.6	0.3	0.0	3.9	800	3 120.00	355.50			3 475.50	715.65	2 759.85		216 627
18	吴 涛	3.2	0.1	0.0	3.3	800	2 640.00	227.60	120.00		2 987.60	723.66	2 263.94		202 714
19	施 清	3.0	0.2	0.0	3.2	800	2 560.00	331.60	120.00		3 011.60	679.56	2 332.04		604 716
20	施永胜	2.4	0.1	0.1	2.6	800	2 080.00	258.90	120.00		2 458.90	603.65	1 855.25		384 751
…	…	…	…	…	…	…	…	…	…	…	…	…	…		…
	合 计	62.6	2.6	0.8	66.0		52 800.00	6 073.70	2 172.00	472.5	61 518.20	13 947.71	47 570.49		

审批人：王大为　　　　审核人：艾玲　　　　制表人：张浩

业务5

2016年12月14日，向外借入款项（见表3-32）。

表3-32

（☑短期 ☐长期贷款）　　**借 款 借 据（入账通知）**　　伍

合同编号：453269　　　借款日期　2016年12月14日　　　借据编号：023

收款单位	名称	东吴有限责任公司	借款单位	名称	东吴有限责任公司
	结算户账号	369-539501040008434		贷款户账号	20907908092234
	开户银行	中国工商银行吴中支行		开户银行	中国工商银行吴中支行

借款金额	人民币（大写）壹佰捌拾万元整	千百十万千百十元角分　¥ 1 8 0 0 0 0 0 0 0

借款原因及用途	引进设备	批准借款利率	月息 5.752 5‰

借款期限			
期次	计划还款日期	✓	计划还款金额
1	2017年12月14日		¥1 800 000.00
2			
3			
备注			

你单位上列借款，已转入你单位结算户内，借款到期时由我行按期自你单位结算户转还
此致
借款单位
（银行签章）

此联由银行退借款单位作入账通知

业务 6

2016 年 12 月 18 日，销售乙产品（见表 3-33、表 3-34）。

表 3-33

江苏增值税专用发票
此联不做报销、扣税凭证用

3200092188　　　　　　　　　　　　　　　　　　　　　No.06738567

开票日期：2016 年 12 月 18 日

购货单位	名　　称：苏州市青台有限公司 纳税人识别号：320500978203100 地　址、电　话：苏州市相城区青台村 开户行及账号：农行相城支行539501040008454	密码区	略

货物或应税劳务名称	规格型号	单位	数量	单价	金　额	税率	税　额
乙产品		台	200.00	1 800.00	360 000.00	17%	61 200.00
合计					￥360 000.00		￥61 200.00
价税合计	人民币（大写）⊗　肆拾贰万壹仟贰佰元整				（小写）￥421 200.00		

销货单位	名　　称：苏州东吴有限责任公司 纳税人识别号：320500760517166 地　址、电　话：苏州市吴中大道28号 开户行及账号：工商吴支行369-539501040008434	备注	

收款人：　　　　　复核：　　　　　开票人：陈伟　　　　　销货单位：（章）

表 3-34

中国工商银行进账单（收账通知）　3

2016 年 12 月 18 日　　　　　　　　　　　　　　　　　第 0452 号

出票人	全　称	苏州市青台有限公司	收款人	全　称	苏州东吴有限责任公司
	账　号	539501040008454		账　号	369 - 539501040008434
	开户银行	中国农业银行相城支行		开户银行	中国工商银行吴中支行

人民币 （大写）	肆拾贰万壹仟贰佰元整	千百十万千百十元角分 ￥4 2 1 2 0 0 0 0

票据种类	转账支票	
票据号码	壹	
单位主管　　会计　　复核　　记账		出票人开户行盖章

中国工商银行
吴中支行
2016.12.18
转讫

业务 7

2016 年 12 月 25 日，支付业务咨询费（见表 3-35 和表 3-36）。

表 3-35-1

江苏增值税专用发票
发票联

3200092270　　　　　　　　　　　　　　　　　　　　NO 06736868

开票日期：2016 年 12 月 25 日

购货单位	名　　称：苏州东吴有限责任公司 纳税人识别号：320500760517166 地址、电话：苏州市吴中大道 28 号 开户行及账号：农行苏州分行 538201040084071	密码区	略

货物或应税劳务名称	规格型号	单位	数　量	单　价	金　额	税率	税　额
业务咨询费			1.00	6 200.00	6 200.00	6%	372.00
合计					￥6 200.00		￥372.00

价税合计	人民币（大写）⊗　　陆仟伍佰柒拾贰元整　　（小写）￥6 572.00

销货单位	名　　称：苏州华兴会计咨询公司 纳税人识别号：320500860517144 地址、电话：工业园区苏绣路 118 号 开户行及账号：中国银行园区支行 20907908094508	备注	

收款人：　　　　复核：　　　　开票人：张玮　　　　销货单位：（章）

表 3-35-2

江苏增值税专用发票
抵扣联

3200092270　　　　　　　　　　　　　　　　　　　　NO 06736814

开票日期：2016 年 12 月 7 日

购货单位	名　　称：苏州东吴有限责任公司 纳税人识别号：320500760517166 地址、电话：苏州市吴中大道 28 号 开户行及账号：农行苏州分行 538201040084071	密码区	略

货物或应税劳务名称	规格型号	单位	数　量	单　价	金　额	税率	税　额
业务咨询费			1.00	6 200.00	6 200.00	6%	372.00
合计					￥6 200.00		￥372.00

价税合计	人民币（大写）⊗　　陆仟伍佰柒拾贰元整　　（小写）￥6 572.00

销货单位	名　　称：苏州华兴会计咨询公司 纳税人识别号：320500860517144 地址、电话：工业园区苏绣路 118 号 开户行及账号：中国银行园区支行 20907908094508	备注	

收款人：　　　　复核：　　　　开票人：张玮　　　　销货单位：（章）

表 3-36

业务 8

2016 年 12 月 30 日,报销职工医药费(见表 3-37)。

表 3-37

苏州市中医医院门诊医药费收据

2016 年 12 月 12 日　　　　苏财准印(2009)007-苏 087 号　　　　(05A)

姓名		个人编号		人员类别	
名称(规格)	单价×数量		金额		其中自费
中草药	450.05×1.00		450.05		200
中成药	82.00×10.00		820.00		820.00
人民币合计(大写): 壹仟零贰拾元整			¥1 020.00		
现金结付:	1 020.00	其中本次自费:1 020.00		本次自负:0	
医保基金结付	账户支付:250.05		账户结余:0		
	统筹支付:0.00				
	大病救助:0.00				
	补充支付:0.00		同意报销 王大为 2010.12.15		
收款单位:			收款员: 杨兰		

业务 9

2016 年 12 月 31 日,结转本月制造费用(见表 3-38)。

表 3-38

制造费用分配表

2016年12月31日

产品名称	分配标准(重量:千克)	分配率	分配额
甲产品	125		25 000
乙产品	184		36 800
合计	309	200	61 800

主管:张明　　　　　审核:王启　　　　　制单:鲁明

业务 10

2016年12月31日,结转本月销售产品成本(见表3-39)。

表 3-39

主营业务成本计算单

2016年12月31日

产品名称	期初结存			本期完工入库			本期销售		
	数量	单位成本	总成本	数量	单位成本	总成本	数量	单位成本	总成本
甲产品	50	2 600	130 000	125	2 600	325 000	100	2 600	260 000
乙产品	120	1 080	129 600	184	1 080	198 720	200	1 080	216 000
合计			259 600			523 720			476 000

主管:张明　　　　　审核:王启　　　　　制单:鲁明

实训体会

教师评价

项目四

特种日记账的登记

项目导航

【学习目标】

1. 知识目标:掌握库存现金日记账的格式及登记要求;掌握银行存款日记账的格式及登记要求。

2. 能力目标:能够熟练登记库存现金日记账;能够熟练登记银行存款日记账。

3. 情感目标:通过库存现金和银行存款日记账的登记,对会计账簿形成初步的认识,养成细致、严谨的工作习惯,感受会计工作的重要性。

【知识链接】

1.《会计基础工作规范》第五十七条 现金日记账和银行存款日记账必须采用订本式账簿。不得用银行对账单或者其他方法代替日记账。

2. 账簿启用表的格式。

账簿启用表

单位名称	苏州市龙翔机械有限公司	负责人	职称	工程师	盖章
账簿名称	库存现金日记账		姓名	黄明扬	
账簿号码	2010-01	主办会计	职别	会计师	黄明扬印
账簿页数	100 页		姓名	张晓明	
启用日期	2016 年 1 月 1 日		盖章	张晓明	

经管本账簿人员一览表

职称	姓名	接　　管				移　　交			印花税票粘贴处
		年	月	日	盖章	年	月	日	
会计员	刘玲芳	2016	1	1	刘玲芳				

项目四 特种日记账的登记

【主要内容】
1. 库存现金日记账、银行存款日记账的格式。
2. 库存现金日记账的登记方法。
3. 银行存款日记账的登记方法。

任务1 掌握库存现金日记账的登记

知识准备

库存现金日记账是用来核算和监督库存现金每天的收入、支出和结存情况的账簿。由出纳人员根据与现金收付有关的记账凭证,如现金收款、现金付款、银行付款(提现业务)凭证,逐日逐笔进行登记,并随时结记余额。为了加强对企业现金的监管,库存现金日记账采用订本式账簿,如表4-1所示:

表4-1

库存现金日记账

年		凭证		对方科目	摘要	√	收入(借方)金额								付出(贷方)金额								结余金额							
月	日	种类	号数				百	十	万	千	百	十	元	角	分	百	十	万	千	百	十	元	角	分	百	十	万	千	百	十	元	角	分

登记现金日记账时,除了遵循账簿登记的基本要求外,还应注意以下栏目的填写方法:

1. 日期

"日期"栏中填入的应为据以登记账簿的会计凭证上的日期,现金日记账一般依据记账凭证登记,因此,此处日期为编制该记账凭证的日期。不能填写原始凭证上记载的发生或完成该经济业务的日期,也不是实际登记该账簿的日期。

2. 凭证字号

"凭证字号"栏中应填入据以登账的会计凭证类型及编号。如,企业采用通用凭证格式,根据记账凭证登记现金日记账时,填入"记字×号";企业采用专用凭证格式,根据现金收付款凭证登记现金日记账时,填入"收字×号"或"付字×号"。

3. 摘要

"摘要"栏简要说明入账的经济业务的内容,力求简明扼要。

4. 对应科目

"对应科目"栏应填入会计分录中"库存现金"科目的对应科目,用以反映库存现金增减变化的来龙去脉。在填写对应科目时,应注意以下三点:

第一,对应科目只填总账科目,不需填明细科目;

第二,当对应科目有多个时,应填入主要对应科目,如销售产品收到现金,则"库存现金"的对应科目有"主营业务收入"和"应交税费",此时可在对应科目栏中填入"主营业务收入",在借方金额栏中填入取得的现金总额,而不能将一笔现金增加业务拆分成两个对应科目金额填入两行;

第三,当对应科目有多个且不能从科目上划分出主次时,可在对应科目栏中填入其中金额较大的科目,并在其后加上"等"字。如用现金800元购买零星办公用品,其中300元由车间负担,500元由行政管理部门负担,则在现金日记账"对应科目"栏中填入"管理费用等",在贷方金额栏中填入支付的现金总额800元。

5. 借方、贷方

"借方金额"栏、"贷方金额"栏应根据相关凭证中记录的"库存现金"科目的借贷方向及金额记入。

6. 余额

"余额"栏应根据"本行余额=上行余额+本行借方-本行贷方"公式计算填入。

正常情况下库存现金不允许出现贷方余额,因此,若现金日记账余额栏前未印有借贷方向,则其余额方向默认为借方。若在登记现金日记账过程中,由于登账顺序等特殊原因出现了贷方余额,则在余额栏用红字登记,表示贷方余额。

具体要求

1. 掌握库存现金日记账的登记方法。
2. 能够正确登记库存现金日记账。

实训范例

例4.1 库存现金日记账的登记

某企业有关现金的资料如下:

【资料一】 库存现金日记账有关资料见表4-2。

表4-2

库 存 现 金 日 记 账

2016年		凭证		对方科目	摘要	√	收入(借方)金额										付出(贷方)金额										结余金额									
月	日	种类	号数				百	十	万	千	百	十	元	角	分	百	十	万	千	百	十	元	角	分	百	十	万	千	百	十	元	角	分
11	18	收	12	其他应收款	收回多余现金						5	3	6	0	0													5	8	9	5	0	0
11	30	付	18	其他应付款	支付包装物押金														2	0	0	0	0	0				7	6	5	0	0	0
11	30				本月合计					1	2	5	3	4	0	0			1	1	5	4	6	0	0				7	6	5	0	0	0

【资料二】 与库存现金相关的记账凭证见表4-3—表4-12。

表4-3

付 款 凭 证

贷方科目： 银行存款　　　2016年12月5日　　　　　　　　　　第2号

对方单位	摘要	借方科目		金额										记账
		总账科目	明细科目	亿	千	百	十	万	千	百	十	元	角	分	✓
本单位	提现备用	库存现金					4	0	0	0	0	0		
附件1张		合　计					¥	4	0	0	0	0	0	

核准：林月　　复核：于军　　记账：石力　　出纳：杜娟　　制单：孙悦

表4-4

付 款 凭 证

贷方科目： 库存现金　　　2016年12月6日　　　　　　　　　　第3号

对方单位	摘要	借方科目		金额										记账
		总账科目	明细科目	亿	千	百	十	万	千	百	十	元	角	分	✓
李海	预借差旅费	其他应收款	李海					2	0	0	0	0	0	
附件1张		合　计						¥	2	0	0	0	0	0

核准：林月　　复核：于军　　记账：石力　　出纳：杜娟　　制单：孙悦

表4-5

付 款 凭 证

贷方科目： 库存现金　　　2016年12月7日　　　　　　　　　　第4号

对方单位	摘要	借方科目		金额										记账
		总账科目	明细科目	亿	千	百	十	万	千	百	十	元	角	分	✓
邮电局	支付电报费	管理费用	办公费								1	8	6	0
附件1张		合　计									¥	1	8	6	0

核准：林月　　复核：于军　　记账：石力　　出纳：杜娟　　制单：孙悦

表 4-6

收 款 凭 证

借方科目： 库存现金　　　　2016 年 12 月 13 日　　　　　　　　第 5 号

对方单位	摘要	贷方科目		金 额										记账
		总账科目	明细科目	亿	千	百	十	万	千	百	十	元	角	分	✓
李海	收回余款	其他应收款	李海						4	0	0	0	0	
	附件 1 张	合　　计						¥	4	0	0	0	0	

核准：林月　　　复核：于军　　　记账：石力　　　出纳：杜娟　　　制单：孙悦

表 4-7

付 款 凭 证

贷方科目： 库存现金　　　　2016 年 12 月 14 日　　　　　　　　第 8 号

对方单位	摘要	借方科目		金 额										记账
		总账科目	明细科目	亿	千	百	十	万	千	百	十	元	角	分	✓
开户行	解款	银行存款						5	0	0	0	0	0	
	附件 1 张	合　　计						¥	5	0	0	0	0	0	

核准：林月　　　复核：于军　　　记账：石力　　　出纳：杜娟　　　制单：孙悦

表 4-8

付 款 凭 证

贷方科目： 库存现金　　　　2016 年 12 月 18 日　　　　　　　　第 12 号

对方单位	摘要	借方科目		金 额										记账
		总账科目	明细科目	亿	千	百	十	万	千	百	十	元	角	分	✓
	购办公用品	管理费用	办公费							5	0	0	0	
	附件 1 张	合　　计							¥	5	0	0	0	

核准：林月　　　复核：于军　　　记账：石力　　　出纳：杜娟　　　制单：孙悦

表4-9

付 款 凭 证

货方科目： 银行存款　　2016年12月20日　　第13号

对方单位	摘要	借方科目		金额										记账
		总账科目	明细科目	亿	千	百	十	万	千	百	十	元	角	分	✓
本单位	提现备发工资	库存现金					4	0	0	0	0	0	0	
附件1张		合　计					¥4	0	0	0	0	0	0	

核准：林月　　复核：于军　　记账：石力　　出纳：杜娟　　制单：孙悦

表4-10

付 款 凭 证

货方科目： 库存现金　　2016年12月20日　　第14号

对方单位	摘要	借方科目		金额										记账
		总账科目	明细科目	亿	千	百	十	万	千	百	十	元	角	分	✓
职工	发放职工工资	应付职工薪酬	工资				4	0	0	0	0	0	0	
附件1张		合　计					¥4	0	0	0	0	0	0	

核准：林月　　复核：于军　　记账：石力　　出纳：杜娟　　制单：孙悦

表4-11

付 款 凭 证

货方科目： 库存现金　　2016年12月22日　　第16号

对方单位	摘要	借方科目		金额										记账
		总账科目	明细科目	亿	千	百	十	万	千	百	十	元	角	分	✓
	家属药费	应付职工薪酬	职工福利								2	5	0	0	
附件1张		合　计									¥2	5	0	0	

核准：林月　　复核：于军　　记账：石力　　出纳：杜娟　　制单：孙悦

表 4-12

付 款 凭 证

贷方科目： 库存现金　　　2016 年 12 月 23 日　　　第 17 号

对方单位	摘要	借方科目		金额	记账
		总账科目	明细科目	亿千百十万千百十元角分	✓
	报销托儿费	应付职工薪酬	职工福利	8 0 0 0 0	
附件 1 张		合　　计		￥　　　8 0 0 0 0	

核准:林月　　复核:于军　　记账:石力　　出纳:杜娟　　制单:孙悦

由资料一、资料二，对该企业库存现金日记账可采用三栏式或多栏式登记方式进行登记。

1. 三栏式库存现金日记账登记方式见表 4-13。

表 4-13

库 存 现 金 日 记 账

2016年		凭证		对方科目	摘要	✓	收入(借方)金额	付出(贷方)金额	结余金额
月	日	种类	号数				千百十万千百十元角分	千百十万千百十元角分	千百十万千百十元角分
…	…	…	…	…	…		…	…	…
11	30				本月合计		1 2 5 3 4 0 0	1 1 5 4 6 0 0	7 6 5 0 0 0
12	5	付	2	银行存款	提现备用		4 0 0 0 0 0		1 1 6 5 0 0 0
	6	付	3	其他应收款	预借差旅费			2 0 0 0 0 0	9 6 5 0 0 0
	7	付	4	管理费用	支付电报费			1 8 6 0	9 6 3 1 4 0
	13	收	5	其他应收款	收回余款		4 0 0 0 0		1 0 0 3 1 4 0
	14	付	8	银行存款	解款			5 0 0 0 0 0	5 0 3 1 4 0
	18	付	12	管理费用	购办公用品			5 0 0 0	4 9 8 1 4 0
	20	付	13	银行存款	提现备发工资		4 0 0 0 0 0		
	20	付	14	应付职工薪酬	发放职工工资			4 0 0 0 0 0	
	20				本日合计		4 0 0 0 0 0	4 0 0 0 0 0	4 9 8 1 4 0
	22	付	16	应付职工薪酬	家属药费			2 5 0 0	4 9 5 6 4 0
	23	付	17	应付职工薪酬	报销托儿费			8 0 0 0 0	4 1 5 6 4 0
	30				本月合计		4 4 4 0 0 0	4 7 8 9 3 6 0	4 1 5 6 4 0

2. 多栏式库存现金日记账登记方式见表 4-14。

项目四　特种日记账的登记

表 4-14

库 存 现 金 日 记 账

2016年		凭证		摘要	√	收入方科目				支出方科目				结余金额
月	日	种类	号数			银行存款	其他应收款	其他科目	收入方金额合计	银行存款	其他应收款	其他科目	支出方金额合计	
...	...	...	...	...		...	...	...	...	...	...	...	...	...
11	30			本月合计					1253400					7650000
12	5	付	2	提现备用		4000000			4000000					11650000
	6	付	3	预借差旅费							2000000		2000000	9650000
	7	付	4	支付电报费								1860	1860	9631 40
	13	收	5	收回余款			400000		400000					10031 40
	14	付	8	赠款						5000000			5000000	5031 40
	18	付	12	购办公用品								5000	5000	4981 40
	20	付	13	提现备发工资		4000000			4000000					
	20	付	14	发放职工工资								4000000	4000000	4981 40
	20			本日合计		4000000			4000000			4000000	4000000	
	22	付	16	家属药费								2500	2500	4956 40
	23	付	17	报销托儿费								80000	80000	4156 40
	30			本月合计		4000000	400000	40000	4440000	2000000		40893 60	47893 60	4156 40

实训操作

▶ 实训 4-1　库存现金日记账的登记

【资料一】库存现金日记账期初余额见表4-15。

表 4-15

库 存 现 金 日 记 账

2016年		凭证		对方科目	摘要	√	收入（借方）金额										付出（贷方）金额										结余金额									
月	日	种类	号数				千	百	十	万	千	百	十	元	角	分	千	百	十	万	千	百	十	元	角	分	千	百	十	万	千	百	十	元	角	分
...	...	...	...	...	...									...										...										...		
11	30				本月合计					1	2	0	0	0	0	0				1	0	0	0	0	0	0					8	8	7	5	0	0

【资料二】与库存现金相关的记账凭证见表4-16—表4-27。

表 4-16

付　款　凭　证

贷方科目：　库存现金　　　　　2016年12月1日　　　　　　　　　第 1 号

对方单位	摘要	借方科目		金　　额										记账
		总账科目	明细科目	亿	千	百	十	万	千	百	十	元	角	分	
好客水果	购董事会水果	管理费用	董事会会费							9	1	8	6	0	√
附件1张		合　　　计							¥	9	1	8	6	0	

核准：林月　　　复核：于军　　　记账：石力　　　出纳：杜娟　　　制单：孙悦

表 4-17

付 款 凭 证

贷方科目：库存现金　　2016 年 12 月 2 日　　第 2 号

对方单位	摘要	借方科目		金额										记账
		总账科目	明细科目	亿	千	百	十	万	千	百	十	元	角	分	✓
王晓明	预借差旅费	其他应收款	王晓明					2	0	0	0	0	0	
附件 1 张		合　计						¥ 2	0	0	0	0	0	

核准：林月　　复核：于军　　记账：石力　　出纳：杜娟　　制单：孙悦

表 4-18

收 款 凭 证

借方科目：库存现金　　2016 年 12 月 2 日　　第 1 号

对方单位	摘要	贷方科目		金额										记账
		总账科目	明细科目	亿	千	百	十	万	千	百	十	元	角	分	✓
玲珑代销店	销售甲产品	主营业务收入	甲产品销售收入						5	0	0	0	0	
		应交税费	应交增值税（销项税额）							8	5	0	0	
附件 1 张		合　计							¥ 5	8	5	0	0	

核准：林月　　复核：于军　　记账：石力　　出纳：杜娟　　制单：孙悦

表 4-19

付 款 凭 证

贷方科目：库存现金　　2016 年 12 月 6 日　　第 3 号

对方单位	摘要	借方科目		金额										记账
		总账科目	明细科目	亿	千	百	十	万	千	百	十	元	角	分	✓
苏州邮电局	购电话卡	管理费用	办公费					2	0	0	0	0	0	
附件 1 张		合　计						¥ 2	0	0	0	0	0	

核准：林月　　复核：于军　　记账：石力　　出纳：杜娟　　制单：孙悦

表 4-20

收 款 凭 证

借方科目： 库存现金　　　　2016 年 12 月 7 日　　　　　　　　　　第 2 号

对方单位	摘要	贷方科目		金　额										记账
		总账科目	明细科目	亿	千	百	十	万	千	百	十	元	角	分	✓
王晓明	退回余款	其他应收款	王晓明							2	6	7	8	0	
附件 1 张		合　　计							¥	2	6	7	8	0	

核准：林月　　　复核：于军　　　记账：石力　　　出纳：杜娟　　　制单：孙悦

表 4-21

付 款 凭 证

贷方科目： 银行存款　　　　2016 年 12 月 10 日　　　　　　　　　　第 4 号

对方单位	摘要	借方科目		金　额										记账
		总账科目	明细科目	亿	千	百	十	万	千	百	十	元	角	分	✓
本单位	提现备用	库存现金						5	5	0	0	0	0		
附件 1 张		合　　计						¥	5	5	0	0	0	0	

核准：林月　　　复核：于军　　　记账：石力　　　出纳：杜娟　　　制单：孙悦

表 4-22

付 款 凭 证

贷方科目： 库存现金　　　　2016 年 12 月 10 日　　　　　　　　　　第 5 号

对方单位	摘要	借方科目		金　额										记账
		总账科目	明细科目	亿	千	百	十	万	千	百	十	元	角	分	✓
集贸市场	结算食堂费用	应付职工薪酬	职工福利							8	7	2	5	0	
附件 1 张		合　　计							¥	8	7	2	5	0	

核准：林月　　　复核：于军　　　记账：石力　　　出纳：杜娟　　　制单：孙悦

表 4-23

付 款 凭 证

贷方科目： 库存现金　　　2016 年 12 月 15 日　　　　　　　　　　第 6 号

对方单位	摘要	借方科目		金额											记账
		总账科目	明细科目	亿	千	百	十	万	千	百	十	元	角	分	✓
钱塘人家	招待费	管理费用	业务招待费						1	3	8	0	0	0	
附件 1 张		合　　计						¥	1	3	8	0	0	0	

核准:林月　　复核:于军　　记账:石力　　出纳:杜娟　　制单:孙悦

表 4-24

付 款 凭 证

贷方科目： 银行存款　　　2016 年 12 月 15 日　　　　　　　　　　第 7 号

对方单位	摘要	借方科目		金额											记账
		总账科目	明细科目	亿	千	百	十	万	千	百	十	元	角	分	✓
本单位	提现备发工资	库存现金						1	2	3	2	5	0	0	
附件 1 张		合　　计						¥	1	2	3	2	5	0	0	

核准:林月　　复核:于军　　记账:石力　　出纳:杜娟　　制单:孙悦

表 4-25

付 款 凭 证

贷方科目： 库存现金　　　2016 年 12 月 15 日　　　　　　　　　　第 8 号

对方单位	摘要	借方科目		金额											记账
		总账科目	明细科目	亿	千	百	十	万	千	百	十	元	角	分	✓
职工	支付职工工资	应付职工薪酬	职工工资					1	2	3	2	5	0	0	
附件 1 张		合　　计						¥	1	2	3	2	5	0	0	

核准:林月　　复核:于军　　记账:石力　　出纳:杜娟　　制单:孙悦

表 4-26

收 款 凭 证

借方科目： 库存现金　　　　2016 年 12 月 20 日　　　　　　第 3 号

对方单位	摘要	贷方科目		金　额										记账
		总账科目	明细科目	亿	千	百	十	万	千	百	十	元	角	分	✓
好邻商店	销售 XC-201 产品	主营业务收入	XC-201 产品销售收入						8	0	0	0	0		
		应交税费	应交增值税（销项税额）						1	3	6	0	0		
附件 1 张		合　计						¥	9	3	6	0	0		

核准：林月　　　复核：于军　　　记账：石力　　　出纳：杜娟　　　制单：孙悦

表 4-27

收 款 凭 证

借方科目： 库存现金　　　　2016 年 12 月 22 日　　　　　　第 4 号

对方单位	摘要	贷方科目		金　额										记账
		总账科目	明细科目	亿	千	百	十	万	千	百	十	元	角	分	✓
废品收购员	销售废纸	其他业务收入	废品销售								4	5	0	0	
附件 1 张		合　计								¥	4	5	0	0	

核准：林月　　　复核：于军　　　记账：石力　　　出纳：杜娟　　　制单：孙悦

【要求】根据提供的"资料一"、"资料二"登记"库存现金日记账"并结账。

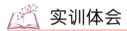

实训体会

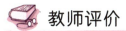

教师评价

任务 2 掌握银行存款日记账的登记

知识准备

银行存款日记账必须采用订本式账簿,其账页格式一般采用"收入"(借方)、"支出"(贷方)和"余额"三栏式。银行存款收入数额应根据有关的现金付款凭证登记。每日业务终了时,应计算、登记当日的银行存款收入合计数、银行存款支出合计数,以及账面结余额,以便检查监督各项收入和支出款项,避免透支现象的出现,并便于定期同银行送来的对账单核对。

银行存款日记账也可以采用多栏式的格式,即将收入栏和支出栏分别按照对方科目设置若干专栏。多栏式银行存款日记账按照银行存款收、付的每一对应科目设置专栏进行序时、分类登记,月末根据各对应科目的本月发生额一次过记总账有关账户,因而不仅可以清晰地反映银行存款收、付的来龙去脉,而且可以简化总分类账的登记工作。在采用多栏式银行存款日记账的情况下,如果银行存款收、付的对应科目较多,为了避免账页篇幅大,可以分设银行存款收入日记账和银行存款支出日记账。

具体要求

1. 掌握银行存款日记账的登记方法。
2. 能够正确登记银行存款日记账。

实训范例

例 4.2 银行存款日记账的登记

某企业有关银行存款的资料如下:

【资料一】银行存款日记账有关资料见表 4-28。

表 4-28

银 行 存 款 日 记 账

2016 年		凭证		支票号数	对方科目	摘要	√	收入(借方)金额									付出(贷方)金额									结余金额								
月	日	种类	号数					千	百	十	万	千	百	十	元	角	分	千	百	十	万	千	百	十	元	角	分	千	百	十	万	千	百	十	元	角	分
…	…	…	…		…	略																			…										
11	30					本月合计					1	2	5	3	4	0	0				1	1	5	4	6	0	0		1	3	5	2	7	8	0	0

【资料二】2016 年 12 月,有关银行存款业务的会计凭证见表 4-29—表 4-40。

项目四 特种日记账的登记

表 4-29

收 款 凭 证

借方科目： 银行存款　　　2016 年 12 月 2 日　　　第 2 号

对方单位	摘要	贷方科目		金额	记账
		总账科目	明细科目	亿千百十万千百十元角分	✓
龙泉公司	收回货款	应收账款	龙泉公司	2 3 4 0 0 0 0	
	附件 1 张	合　　计		¥ 2 3 4 0 0 0 0	

核准：林月　　复核：于军　　记账：石力　　出纳：杜娟　　制单：孙悦

表 4-30

付 款 凭 证

贷方科目： 银行存款　　　2016 年 12 月 2 日　　　第 1 号

对方单位	摘要	借方科目		金额	记账
		总账科目	明细科目	亿千百十万千百十元角分	✓
洪兴公司	支付加工材料款	应付账款	洪兴公司	1 2 3 2 5 0 0 0	
	附件 1 张	合　　计		¥ 1 2 3 2 5 0 0 0	

核准：林月　　复核：于军　　记账：石力　　出纳：杜娟　　制单：孙悦

表 4-31

付 款 凭 证

贷方科目： 银行存款　　　2016 年 12 月 2 日　　　第 2 号

对方单位	摘要	借方科目		金额	记账
		总账科目	明细科目	亿千百十万千百十元角分	✓
本单位	申请银行本票	其他货币资金	银行本票存款	1 0 0 0 0 0 0 0	
	附件 1 张	合　　计		¥ 1 0 0 0 0 0 0 0	

核准：林月　　复核：于军　　记账：石力　　出纳：杜娟　　制单：孙悦

表 4-32

收 款 凭 证

借方科目： 银行存款　　　　2016 年 12 月 2 日　　　　　　　　　　　第 3 号

对方单位	摘要	贷方科目		金　额										记账
		总账科目	明细科目	亿	千	百	十	万	千	百	十	元	角	分	✓
龙泉公司	收回货款	应收账款	龙泉公司				2	3	4	0	0	0	0	0	
附件 1 张		合　计				¥	2	3	4	0	0	0	0	0	

核准：林月　　　复核：于军　　　记账：石力　　　出纳：杜娟　　　制单：孙悦

表 4-33

付 款 凭 证

贷方科目： 银行存款　　　　2016 年 12 月 4 日　　　　　　　　　　　第 3 号

对方单位	摘要	借方科目		金　额										记账
		总账科目	明细科目	亿	千	百	十	万	千	百	十	元	角	分	✓
宏海公司	支付材料货税款	原材料	甲材料				1	0	0	0	0	0	0	0	
		应交税费	应交增值税（进项税额）					1	7	0	0	0	0	0	
附件 3 张		合　计				¥	1	1	7	0	0	0	0	0	

核准：林月　　　复核：于军　　　记账：石力　　　出纳：杜娟　　　制单：孙悦

表 4-34

付 款 凭 证

贷方科目： 银行存款　　　　2016 年 12 月 10 日　　　　　　　　　　第 4 号

对方单位	摘要	借方科目		金　额										记账
		总账科目	明细科目	亿	千	百	十	万	千	百	十	元	角	分	✓
国税局	支付 11 月份的增值税	应交税费	应交增值税（已交税金）				1	8	0	0	0	0	0	0	
附件 2 张		合　计				¥	1	8	0	0	0	0	0	0	

核准：林月　　　复核：于军　　　记账：石力　　　出纳：杜娟　　　制单：孙悦

表 4-35

付 款 凭 证

贷方科目： 库存现金　　　2016 年 12 月 10 日　　　　　　　　　　第 5 号

对方单位	摘要	借方科目		金额										记账
		总账科目	明细科目	亿	千	百	十	万	千	百	十	元	角	分	✓
本单位	交存多余现金	银行存款					8	0	0	0	0	0		
附件 1 张		合　　计					¥	8	0	0	0	0	0	

核准：林月　　　复核：于军　　　记账：石力　　　出纳：杜娟　　　制单：孙悦

表 4-36

付 款 凭 证

贷方科目： 银行存款　　　2016 年 12 月 10 日　　　　　　　　　　第 6 号

对方单位	摘要	借方科目		金额										记账
		总账科目	明细科目	亿	千	百	十	万	千	百	十	元	角	分	✓
本单位职工	支付上月薪酬	应付职工薪酬	工资				3	6	2	7	8	0	0	0
附件 2 张		合　　计					¥	3	6	2	7	8	0	0	0

核准：林月　　　复核：于军　　　记账：石力　　　出纳：杜娟　　　制单：孙悦

表 4-37

收 款 凭 证

借方科目： 银行存款　　　2016 年 12 月 15 日　　　　　　　　　　第 4 号

对方单位	摘要	贷方科目		金额										记账
		总账科目	明细科目	亿	千	百	十	万	千	百	十	元	角	分	✓
龙泉公司	销售收款	主营业务收入	A 产品销售收入				5	1	2	0	0	0	0	0
		应交税费	应交增值税（销项税额）					8	7	0	4	0	0	0
附件 1 张		合　　计					¥	5	9	9	0	4	0	0	0

核准：林月　　　复核：于军　　　记账：石力　　　出纳：杜娟　　　制单：孙悦

表 4-38

付 款 凭 证

贷方科目： 银行存款　　2016 年 12 月 20 日　　第 7 号

对方单位	摘要	借方科目		金额										记账
		总账科目	明细科目	亿	千	百	十	万	千	百	十	元	角	分	✓
供电局	支付本月电费	应付账款	供电公司					3	6	2	7	8	0	0	
		应交税费	应交增值税（进项税额）						6	1	6	7	2	6	
附件 2 张		合　计			¥	4	2	4	4	5	2	6			

核准：林月　　复核：于军　　记账：石力　　出纳：杜娟　　制单：孙悦

表 4-39

付 款 凭 证

贷方科目： 银行存款　　2016 年 12 月 20 日　　第 8 号

对方单位	摘要	借方科目		金额										记账
		总账科目	明细科目	亿	千	百	十	万	千	百	十	元	角	分	✓
给排水公司	支付本月水费	应付账款	给排水公司					1	3	2	0	0	0	0	
		应交税费	应交增值税（进项税额）						1	7	1	6	0	0	
附件 2 张		合　计			¥	1	4	9	1	6	0	0			

核准：林月　　复核：于军　　记账：石力　　出纳：杜娟　　制单：孙悦

表 4-40

付 款 凭 证

贷方科目： 银行存款　　2016 年 12 月 31 日　　第 9 号

对方单位	摘要	借方科目		金额										记账
		总账科目	明细科目	亿	千	百	十	万	千	百	十	元	角	分	✓
龙泉公司	支付货税款	应付账款	龙泉公司					1	8	7	2	1	0	0	
附件 2 张		合　计			¥	1	8	7	2	1	0	0			

核准：林月　　复核：于军　　记账：石力　　出纳：杜娟　　制单：孙悦

由资料一、资料二,对该企业银行存款日记账登记如下:

1. 三栏式银行存款日记账登记方式见表4-41。

表 4-41

银行存款日记账

2016年		凭证		支票号数	对方科目	摘要	√	收入(借方)金额 千百十万千百十元角分	付出(贷方)金额 千百十万千百十元角分	结余金额 千百十万千百十元角分
月	日	种类	号数							
…	…	…	…		…	…		…	…	…
11	30					本月合计		1 2 5 3 4 0 0	1 1 5 4 6 0 0	1 3 5 2 7 8 0 0 0
12	2	收	2		应收账款	收回货款		2 3 4 0 0 0 0		1 3 7 6 1 8 0 0 0
12	2	付	1		应付账款	支付加工材料款			1 2 3 2 5 0 0 0	1 2 5 2 9 3 0 0 0
12	2	付	2		其他货币资金	申请银行本票			1 0 0 0 0 0 0 0	1 1 5 2 9 3 0 0 0
12	2	收	3		应收账款	收回货款		2 3 4 0 0 0 0		1 1 7 6 3 3 0 0 0
12	2					本日合计		4 6 8 0 0 0 0	2 2 3 2 5 0 0 0	1 1 7 6 3 3 0 0 0
12	4	付	3		原材料	支付材料货税款			1 1 7 0 0 0 0 0	1 0 5 9 3 3 0 0 0
12	10	付	4		应交税费	支付税费			1 8 0 0 0 0 0 0	8 7 9 3 3 0 0 0
12	10	付	5		库存现金	交存多余现金			8 0 0 0 0 0	8 8 7 3 3 0 0 0
12	10	付	6		应付职工薪酬	工资			3 6 2 7 8 0 0 0	5 2 4 5 5 0 0 0
12	10					本日合计		8 0 0 0 0 0	5 4 2 7 8 0 0 0	5 2 4 5 5 0 0 0
12	15	收	4		主营业务收入	销售收款		5 9 9 0 4 0 0 0		1 1 2 3 5 9 0 0 0
12	20	付	7		应付账款等	支付本月电费			4 2 4 4 5 2 6	1 0 8 1 1 4 4 7 4
12	20	付	8		应付账款等	支付本月水费			1 4 9 1 6 0 0	1 0 6 6 2 2 8 7 4
12	20					本日合计		5 9 9 0 4 0 0 0	5 7 3 6 1 2 6	1 0 6 6 2 2 8 7 4
12	31	付	9		应付账款	支付货税款			1 8 7 2 1 0 0	1 0 4 7 5 0 7 7 4
12	31					本月合计		6 5 3 8 4 0 0 0	9 5 9 1 1 2 2 6	1 0 4 7 5 0 7 7 4

2. 多栏式银行存款日记账登记格式参照多栏式库存现金日记账登记格式。

实训操作

▶ **实训 4-2　银行存款日记账的登记**

某企业有关银行存款的资料如下:

【资料一】银行存款日记账期初余额见表4-42。

表 4-42

银行存款日记账

2016年		凭证		支票号数	对方科目	摘要	✓	收入(借方)金额 千百十万千百十元角分	付出(贷方)金额 千百十万千百十元角分	结余金额 千百十万千百十元角分
月	日	种类	号数							
…	…	…	…	…	…	…		…	…	…
11	30					本月合计		1 1 2 5 3 4 0 0	2 1 5 4 6 2 0	1 3 5 2 7 8 6 3 0

【资料二】2016年12月,有关银行存款业务的会计凭证见表4-43—表4-54。

表 4-43

收 款 凭 证

借方科目: 银行存款　　　　2016年12月1日　　　　　　　　　　第1号

对方单位	摘要	贷方科目		金　额	记账
		总账科目	明细科目	亿千百十万千百十元角分	✓
中华公司	预付货款	预付账款	中华公司	1 0 0 0 0 0 0 0	
附件1张		合　　计		￥1 0 0 0 0 0 0 0	

核准:林月　　复核:于军　　记账:石力　　出纳:杜娟　　制单:孙悦

表 4-44

付 款 凭 证

贷方科目: 银行存款　　　　2016年12月2日　　　　　　　　　　第1号

对方单位	摘要	借方科目		金　额	记账
		总账科目	明细科目	亿千百十万千百十元角分	✓
凌宏机械	支付到期票据款	应付票据	凌宏机械	1 1 7 0 0 0 0 0	
附件2张		合　　计		￥1 1 7 0 0 0 0 0	

核准:林月　　复核:于军　　记账:石力　　出纳:杜娟　　制单:孙悦

项目四　特种日记账的登记

表 4-45

付 款 凭 证

贷方科目：银行存款　　　　　2016 年 12 月 4 日　　　　　　　　　　　第 2 号

对方单位	摘要	借方科目		金额	记账
		总账科目	明细科目	亿千百十万千百十元角分	✓
本单位	申请银行汇票	其他货币资金	银行汇票存款	1 5 0 0 0 0 0 0	
	附件 2 张	合　　计		¥ 1 5 0 0 0 0 0 0	

核准：林月　　复核：于军　　记账：石力　　出纳：杜娟　　制单：孙悦

表 4-46

收 款 凭 证

借方科目：银行存款　　　　　2016 年 12 月 4 日　　　　　　　　　　　第 2 号

对方单位	摘要	贷方科目		金额	记账
		总账科目	明细科目	亿千百十万千百十元角分	✓
中兴公司	收回到期商业汇票款	应付票据	中兴公司	2 3 4 0 0 0 0	
	附件 1 张	合　　计		¥ 2 3 4 0 0 0 0	

核准：林月　　复核：于军　　记账：石力　　出纳：杜娟　　制单：孙悦

表 4-47

付 款 凭 证

贷方科目：银行存款　　　　　2016 年 12 月 6 日　　　　　　　　　　　第 4 号

对方单位	摘要	借方科目		金额	记账
		总账科目	明细科目	亿千百十万千百十元角分	✓
天平工厂	支付委托加工款	委托加工物资	甲零件	1 0 0 0 0 0 0	
		应交税费	应交增值税（进项税额）	1 7 0 0 0 0	
	附件 3 张	合　　计		¥ 1 1 7 0 0 0 0	

核准：林月　　复核：于军　　记账：石力　　出纳：杜娟　　制单：孙悦

表 4-48

付 款 凭 证

贷方科目： 银行存款　　　2016 年 12 月 8 日　　　　　　　　　　第 6 号

对方单位	摘要	借方科目		金额	记账
		总账科目	明细科目	亿 千 百 十 万 千 百 十 元 角 分	✓
新起点公司	支付运输费用	销售费用	运杂费	4 6 5 0 0 0	
		应交税费	应交增值税（进项税额）	3 5 0 0 0	
	附件 2 张	合　计		￥ 5 0 0 0 0 0	

核准：林月　　复核：于军　　记账：石力　　出纳：杜娟　　制单：孙悦

表 4-49

付 款 凭 证

贷方科目： 库存现金　　　2016 年 12 月 10 日　　　　　　　　　第 7 号

对方单位	摘要	借方科目		金 额	记账
		总账科目	明细科目	亿 千 百 十 万 千 百 十 元 角 分	✓
本单位	交存多余现金	银行存款		9 5 0 0 0 0	
	附件 1 张	合　计		￥ 9 5 0 0 0 0	

核准：林月　　复核：于军　　记账：石力　　出纳：杜娟　　制单：孙悦

表 4-50

付 款 凭 证

贷方科目： 银行存款　　　2016 年 12 月 15 日　　　　　　　　　第 8 号

对方单位	摘要	借方科目		金 额	记账
		总账科目	明细科目	亿 千 百 十 万 千 百 十 元 角 分	✓
本单位职工	支付上月薪酬	应付职工薪酬	工资	2 6 2 7 8 6 5 0	
	附件 2 张	合　计		￥ 2 6 2 7 8 6 5 0	

核准：林月　　复核：于军　　记账：石力　　出纳：杜娟　　制单：孙悦

项目四　特种日记账的登记

表 4-51

收 款 凭 证

借方科目：银行存款　　　　　2016 年 12 月 20 日　　　　　第 4 号

对方单位	摘要	贷方科目		金额（亿千百十万千百十元角分）	记账
		总账科目	明细科目		✓
龙泉公司	销售收款	主营业务收入	A产品销售收入	5 1 2 0 0 0 0 0	
		应交税费	应交增值税（销项税额）	8 7 0 4 0 0 0	
附件 4 张		合　　计		¥ 5 9 9 0 4 0 0 0	

核准：林月　　复核：于军　　记账：石力　　出纳：杜娟　　制单：孙悦

表 4-52

付 款 凭 证

贷方科目：银行存款　　　　　2016 年 12 月 20 日　　　　　第 9 号

对方单位	摘要	借方科目		金额（亿千百十万千百十元角分）	记账
		总账科目	明细科目		✓
供电局	支付本月电费	应付账款	供电公司	2 6 2 7 8 0 0	
		应交税费	应交增值税（进项税额）	4 4 6 7 2 6	
附件 2 张		合　　计		¥ 3 0 7 4 5 2 6	

核准：林月　　复核：于军　　记账：石力　　出纳：杜娟　　制单：孙悦

表 4-53

付 款 凭 证

贷方科目：银行存款　　　　　2016 年 12 月 20 日　　　　　第 10 号

对方单位	摘要	借方科目		金额（亿千百十万千百十元角分）	记账
		总账科目	明细科目		✓
给排水公司	支付本月水费	应付账款	给排水公司	1 3 2 5 6 3 0	
		应交税费	应交增值税（进项税额）	1 7 2 3 3 2	
附件 2 张		合　　计		¥ 1 4 9 7 9 6 2	

核准：林月　　复核：于军　　记账：石力　　出纳：杜娟　　制单：孙悦

表 4-54

付 款 凭 证

贷方科目：银行存款　　　2016 年 12 月 29 日　　　第 11 号

对方单位	摘要	借方科目		金　额	记账
		总账科目	明细科目	亿 千 百 十 万 千 百 十 元 角 分	✓
龙泉公司	支付欠款	应付账款	龙泉公司	2 1 8 7 2 1 0 0	
附件 2 张		合　计		￥　　2 1 8 7 2 1 0 0	

核准：林月　　复核：于军　　记账：石力　　出纳：杜娟　　制单：孙悦

【要求】
1. 根据上述资料登记"三栏式"银行存款日记账。
2. 根据上述资料登记"多栏式"银行存款日记账。

实训体会

教师评价

项目五

明细分类账的登记

项目导航

【学习目标】

1. 知识目标:认知三栏式、多栏式、数量金额式、横线登记式明细分类账的账页格式。

2. 能力目标:能够辨别使用三栏式、多栏式、数量金额式、横线登记式明细账。

3. 情感目标:通过明细分类账的登记,感知会计工作平凡中的不平凡,养成细心谨慎的工作作风。

【知识链接】

一、平行登记

所谓平行登记是指对所发生的每项经济业务,都要以会计凭证为依据,一方面记入有关总分类账户,另一方面记入有关总分类账户所属明细分类账户的方法。平行登记既可以满足管理上对总括会计信息和详细会计信息的需求,又可以检验账户记录的完整性和正确性。其要点主要包括以下四个方面:

1. 依据相同。对发生的经济业务,都要以相关的会计凭证为依据,既登记有关总分类账户,又登记其所属明细分类账户。

2. 方向相同。将经济业务记入总分类账和明细分类账时,记账方向必须相同。即总分类账户记入借方,明细分类账户也记入借方;总分类账户记入贷方,明细分类账户也记入贷方。

3. 期间相同。对每项经济业务在记入总分类账户和明细分类账户的过程中,可以有先有后,但必须在同一会计期间全部登记入账。

4. 金额相等。记入总分类账户的金额,应与记入其所属明细分类账户的金额合计相等。即总分类账户本期发生额与其所属明细分类账户本期发生额之合计相等;总分类账户期末余额与其所属明细分类账户期末余额之合计相等。

二、各明细分类账一般采用的账页格式

各明细分类账一般采用的账页格式见表 5-1。

表 5-1

总账科目	明细分类账页格式
库存现金	三栏式、多栏式、收付分页式日记账
银行存款	三栏式、多栏式、收付分页式日记账
其他货币资金	三栏式
应收票据	三栏式
应收账款	三栏式
其他应收款	三栏式、横线登记式明细账
材料采购	三栏式(专用多栏式)、横线登记式明细账
原材料	数量金额式
库存商品	数量金额式
长期待摊费用	三栏式
固定资产	卡片式
累计折旧	不设明细账
短期借款	三栏式
应付票据	三栏式
应付账款	三栏式
其他应付款	三栏式
应付职工薪酬	三栏式
应交税费	应交增值税为专用多栏式;其他明细账户为三栏式
应付利息	三栏式
应付股利	三栏式
其他应付款	三栏式
长期借款	三栏式
实收资本	三栏式
资本公积	三栏式
盈余公积	三栏式
本年利润	不设明细账
利润分配	三栏式
生产成本	专用多栏式
制造费用	普通多栏式
主营业务收入	普通多栏式

续表

总账科目	明细分类账页格式
其他业务收入	普通多栏式
营业外收入	普通多栏式
主营业务成本	普通多栏式
其他业务成本	普通多栏式
营业税金及附加	普通多栏式
销售费用	普通多栏式
管理费用	普通多栏式
财务费用	普通多栏式
营业外支出	普通多栏式
所得税费用	不设明细账

【主要内容】
1. 三栏式账页格式介绍及登记方法。
2. 多栏式账页格式介绍及登记方法。
3. 数量金额式账页格式介绍及登记方法。
4. 横线登记式账页格式介绍及登记方法。

任务1 掌握三栏式账页的登记方法

知识准备

一、什么是三栏式明细分类账簿

三栏式明细分类账簿是设有借方、贷方和余额三个栏目,用以分类核算各项经济业务,提供详细核算资料的账簿,其格式与三栏式总账格式相同。

三栏式明细账适用于只需要进行金额核算,不需要进行数量核算的结算类科目的明细分类核算。例如对"应收账款""应收票据""预收账款""应付账款""预付账款"等总账科目的明细分类核算,就可采用三栏式明细账。

二、三栏式明细账的设置和登记

三栏式明细分类账簿的格式与三栏式总分类账簿的格式基本相同,设有"借、贷、余"三个基本栏次,但一般不设置反映对应科目的栏次。

三栏式明细分类账由会计人员根据审核无误的记账凭证或原始凭证,按经济业务发生的时间先后顺序逐日逐笔进行登记。

三、三栏式明细分类账账页的格式

三栏式明细账的一般格式见表5-2。

表 5-2

明细账

年		凭证		摘要	借方											贷方											借或贷	余额											核对
月	日	种类	号数		亿	千	百	十	万	千	百	十	元	角	分	亿	千	百	十	万	千	百	十	元	角	分		亿	千	百	十	万	千	百	十	元	角	分	

账号 ☐　总页数 ☐
页数 ☐

📎 具体要求

掌握三栏式账页的登记方法,举例见表5-3。

表 5-3

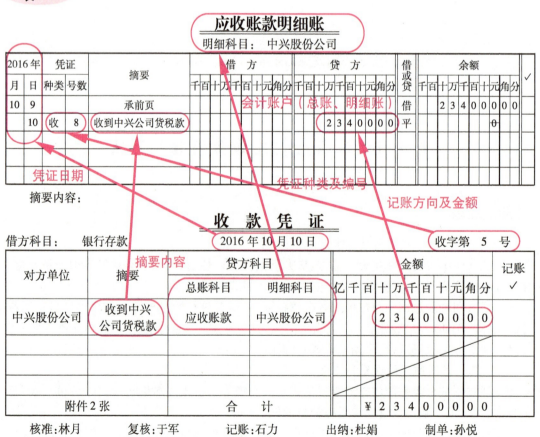

项目五 明细分类账的登记

例 5.1 三栏式账页的登记

某企业有关应收账款登记的资料见表 5-4。

表 5-4

应收账款明细账

明细科目： 龙凤股份公司

2016年		凭证		摘要	借方										贷方										借或贷	余额										✓
月	日	种类	号数		千	百	十	万	千	百	十	元	角	分	千	百	十	万	千	百	十	元	角	分		千	百	十	万	千	百	十	元	角	分	
10	9			承前页																					借			2	3	4	0	0	0	0	0	

与应收账款相关的记账凭证见表 5-5—表 5-9。

表 5-5

付 款 凭 证

贷方科目： 银行存款　　　　　2016 年 10 月 11 日　　　　　　　　　第 2 号

对方单位	摘 要	借方科目		金 额										记账 ✓
		总账科目	明细科目	亿	千	百	十	万	千	百	十	元	角	分	
龙凤股份公司	代垫运杂费	应收账款	龙凤股份公司					2	0	0	0	0	0		
附件 3 张		合　　　计				¥	2	0	0	0	0	0			

核准：林月　　　复核：于军　　　记账：石力　　　出纳：杜娟　　　制单：孙悦

表 5-6

转 账 凭 证

日期:2016 年 10 月 12 日　　　　　　　　　　　　　　　　第　5　号

摘 要	总账科目	明细科目	借方金额 亿千百十万千百十元角分	贷方金额 亿千百十万千百十元角分	记账 ✓
销售甲产品	应收账款	龙凤股份公司	1 4 4 4 9 5 0 0		
	主营业务收入	甲产品销售收入		1 2 3 5 0 0 0 0	
	应交税费	应交增值税(销项税额)		2 0 9 9 5 0 0	
附件 3 张		合　计	¥ 1 4 4 4 9 5 0 0	¥ 1 4 4 4 9 5 0 0	

财会主管:林月　　　　复核:于军　　　　记账:石力　　　　制单:孙悦

表 5-7

收 款 凭 证

借方科目：银行存款　　　　　2016 年 10 月 15 日　　　　　　　　第　3　号

对方单位	摘 要	贷方科目		金 额	记账 ✓
		总账科目	明细科目	亿千百十万千百十元角分	
龙凤股份公司	收回欠款	应收账款	龙凤股份公司	2 3 4 0 0 0 0 0	
附件 2 张		合　计		¥ 2 3 4 0 0 0 0 0	

核准:林月　　复核:于军　　记账:石力　　出纳:杜娟　　制单:孙悦

表 5-8

转 账 凭 证

日期:2016 年 10 月 22 日　　　　　　　　　　　　　　　　第　6　号

摘 要	总账科目	明细科目	借方金额 亿千百十万千百十元角分	贷方金额 亿千百十万千百十元角分	记账 ✓
销售乙产品	应收账款	龙凤股份公司	2 6 9 1 0 0 0 0		
	主营业务收入	乙产品销售收入		2 3 0 0 0 0 0 0	
	应交税费	应交增值税(销项税额)		3 9 1 0 0 0 0	
附件 3 张		合　计	¥ 2 6 9 1 0 0 0 0	¥ 2 6 9 1 0 0 0 0	

财会主管:林月　　　　复核:于军　　　　记账:石力　　　　制单:孙悦

表 5-9

转 账 凭 证

日期:2016 年 10 月 25 日　　　　　　　　　　　第 7 号

摘要	总账科目	明细科目	借方金额 亿千百十万千百十元角分	贷方金额 亿千百十万千百十元角分	记账√
收到商业汇票抵付欠款	应收票据	龙凤股份公司	2 6 9 1 0 0 0 0		√
	应收账款	龙凤股份公司		2 6 9 1 0 0 0 0	
附件 1 张	合　　　　计		¥　　2 6 9 1 0 0 0 0	¥　　2 6 9 1 0 0 0 0	

财会主管:林月　　　　复核:于军　　　　记账:石力　　　　制单:孙悦

根据上述资料,该企业应收账款明细账登记见表 5-10。

表 5-10

应收账款明细账

明细科目：　龙凤股份公司

2016 年		凭证		摘要	借方 千百十万千百十元角分	贷方 千百十万千百十元角分	借或贷	余额 千百十万千百十元角分	√
月	日	种类	号数						
10	9			承前页			借	2 3 4 0 0 0 0 0	
	11	付	2	代垫运杂费	2 0 0 0 0 0		借	2 3 6 0 0 0 0 0	
	12	转	5	销售甲产品	1 4 4 4 9 5 0 0		借	3 8 0 4 9 5 0 0	
	15	收	3	收回欠款		2 3 4 0 0 0 0 0	借	1 4 6 4 9 5 0 0	
	22	转	6	销售乙产品	2 6 9 1 0 0 0 0		借	4 1 5 5 9 5 0 0	
	25	转	7	收到商业汇票抵付欠款		2 6 9 1 0 0 0 0	借	1 4 6 4 9 5 0 0	

注意:登记账簿后,需要在"记账凭证"的"记账√"栏内打"√",表明已经记账;账页的"√"栏中打"√",表明已经对账。

实训操作

▶ 实训 5-1 应付账款总分类账和明细分类账的登记

【资料一】张家港龙兴股份有限公司"应付账款"总账和"应付账款——高隆公司"、"应付账款——雄发公司"账户明细的有关账户记录见表5-11、表5-12 和表5-13。

表 5-11

应付账款　总分类账

2016年		凭证		摘要	借方 千百十万千百十元角分	贷方 千百十万千百十元角分	借或贷	余额 千百十万千百十元角分	✓
月	日	种类	号数						
…	…	…	…	…	…	…	…	…	
11	19	转	14	购入2吨乙材料		2 3 4 0 0 0 0 0	贷	5 4 6 8 0 0 0 0	

表 5-12

应付账款　明细账

明细科目：高隆公司

2016年		凭证		摘要	借方 千百十万千百十元角分	贷方 千百十万千百十元角分	借或贷	余额 千百十万千百十元角分	✓
月	日	种类	号数						
…	…	…	…	…	…	…	…	…	
11	18	付	12	支付高隆公司欠款	2 1 2 0 0 0 0 0		贷	1 2 3 4 0 0 0 0	

表 5-13

应付账款　明细账

明细科目：　雄发公司

2016年		凭证		摘要	借方										贷方										借或贷	余额										✓
月	日	种类	号数		千	百	十	万	千	百	十	元	角	分	千	百	十	万	千	百	十	元	角	分		千	百	十	万	千	百	十	元	角	分	
…	…	…	…	…							…										…											…				
11	19	转	14	购入2吨乙材料														2	3	4	0	0	0	0	贷				4	2	3	4	0	0	0	

【资料二】2016年11月，张家港龙兴股份有限公司部分凭证见表5-14—表5-19。

表 5-14

付　款　凭　证

贷方科目：　银行存款　　　　　2016年11月20日　　　　　　　第　13　号

对方单位	摘要	借方科目		金额										记账 ✓
		总账科目	明细科目	亿	千	百	十	万	千	百	十	元	角	分	
雄发公司	支付所欠货款	应付账款	雄发公司				1	8	9	4	0	0	0	0	
附件2张		合　计		¥			1	8	9	4	0	0	0	0	

核准：林月　　　复核：于军　　　记账：石力　　　出纳：杜娟　　　制单：孙悦

表 5-15

转　账　凭　证

日期:2016年11月21日　　　　　　　　　　　　第　15　号

摘　要	总账科目	明细科目	借方金额											贷方金额											记账 ✓
			亿	千	百	十	万	千	百	十	元	角	分	亿	千	百	十	万	千	百	十	元	角	分	
向高隆公司购入甲材料	材料采购	甲材料				1	8	0	0	0	0	0	0												
	应交税费	应交增值税(进项税额)					3	0	6	0	0	0	0												
	应付账款	高隆公司															2	1	0	6	0	0	0	0	
附件3张	合　计		¥			2	1	0	6	0	0	0	0	¥			2	1	0	6	0	0	0	0	

财会主管：林月　　　复核：于军　　　记账：石力　　　制单：孙悦

表 5-16

转 账 凭 证

日期:2016 年 11 月 23 日　　　　　　　　　　　　　第 16 号

摘　　要	总账科目	明细科目	借方金额 亿千百十万千百十元角分	贷方金额 亿千百十万千百十元角分	记账 ✓
向雄发公司购入乙材料	原材料	乙材料	１０００００００		
	应交税费	应交增值税(进项税额)	１７００００		
	应付账款	雄发公司		１１７０００００	
附件 3 张		合　　计	￥　　１１７０００００	￥　　１１７０００００	

财会主管:林月　　　　复核:于军　　　　记账:石力　　　　制单:孙悦

表 5-17

转 账 凭 证

日期:2016 年 11 月 25 日　　　　　　　　　　　　　第 17 号

摘　　要	总账科目	明细科目	借方金额 亿千百十万千百十元角分	贷方金额 亿千百十万千百十元角分	记账 ✓
支付高隆公司欠款	应付账款	高雄公司	２１２００００		
	其他货币资金	银行汇票存款		２１２００００	
附件 2 张		合　　计	￥　　　２１２００００	￥　　　２１２００００	

财会主管:林月　　　　复核:于军　　　　记账:石力　　　　制单:孙悦

表 5-18

转 账 凭 证

日期:2016 年 11 月 26 日　　　　　　　　　　　　　第 18 号

摘　　要	总账科目	明细科目	借方金额 亿千百十万千百十元角分	贷方金额 亿千百十万千百十元角分	记账 ✓
向雄发公司购入乙材料	材料采购	乙材料	２０２７９０００		
	应交税费	应交增值税(进项税额)	３４４７４３０		
	应付账款	雄发公司		２３７２６４３０	
附件 4 张		合　　计	￥　　２３７２６４３０	￥　　２３７２６４３０	

财会主管:林月　　　　复核:于军　　　　记账:石力　　　　制单:孙悦

表 5-19

转 账 凭 证

日期:2016 年 11 月 29 日　　　　　　　　　　第 19 号

摘　要	总账科目	明细科目	借方金额 亿千百十万千百十元角分	贷方金额 亿千百十万千百十元角分	记账 ✓
支付货税款	应付账款	雄发公司	2 3 4 0 0 0 0 0		
	应付票据	银行承兑汇票		2 3 4 0 0 0 0 0	
附件 4 张	合　　计		¥ 2 3 4 0 0 0 0 0	¥ 2 3 4 0 0 0 0 0	

财会主管:林月　　　　　复核:于军　　　　　记账:石力　　　　　制单:孙悦

【要求】根据上述资料登记应付账款总分类账和相关明细分类账。

实训体会

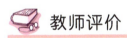

任务2　掌握多栏式账页的登记方法

知识准备

一、什么是多栏式明细分类账

多栏式明细分类账是将属于同一个总账科目的各个明细科目合并在一张账页上进行登记的账簿。

多栏式明细账适用于那些要求对金额进行分析的有关费用成本、收入成果类科目的明细分类核算。例如对"主营业务收入"、"管理费用"、"销售费用"、"生产成本"等科目的明细核算,可采用多栏式明细账。

二、多栏式明细账的设置和登记

多栏式明细分类账,是根据经济业务的特点和经营管理的需要,在一张账页内按有关明细科目或明细项目分设若干专栏,用以在同一张账页集中反映各有关明细科目或明细项目的核算资料。按明细分类账登记的经济业务不同,多栏式明细分类账页又分为借方多栏、贷方多栏和借贷方多栏三种格式。

1. 借方多栏式明细分类账的设置。

借方多栏式明细分类账的账页格式适用于借方需要设多个明细科目或明细项目的账户,如"材料采购"、"生产成本"、"制造费用"、"管理费用"和"营业外支出"等科目的明细分类核算。

2. 贷方多栏式明细分类账的设置。

贷方多栏式明细分类账的账页格式适用于贷方需要设多个明细科目或明细项目的账户,如"产品销售收入"和"营业外收入"等科目的明细分类核算。

3. 借方贷方多栏式明细分类账的设置。

借方贷方多栏式明细分类账的账页格式适用于借方贷方均需要设多个明细科目或明细项目的账户,如"本年利润"科目的明细分类核算。

4. 多栏式明细分类账的登记。

多栏式明细分类账是由会计人员根据审核无误的记账凭证或原始凭证逐笔登记的。

三、多栏式明细账的常用格式

多栏式明细账的常用格式见表5-20、表5-21和表5-22。

表 5-20

本年利润 明细账

总　页　分　页
一级科目编号或名称
二级科目编号或名称

年		凭证		摘要	借方	贷方	余额
月	日	种类	号数		千百十万千百十元角分	千百十万千百十元角分	千百十万千百十元角分
				借方合计			

表 5-21

生产成本 明细账

总　页　分　页
一级科目编号或名称
二级科目编号或名称

年		凭证		摘要	成本项目				合计
					直接材料	直接人工	燃料和动力	制造费用	
月	日	种类	号数		千百十万千百十元角分	千百十万千百十元角分	千百十万千百十元角分	千百十万千百十元角分	千百十万千百十元角分

表 5-22

应交增值税 明细账

年		凭证		摘要	借方				贷方				借或贷	余额
					进项税额	已交税金	减免税款	出口抵减内销产品应纳税额	转出未交增值税	销项税额	出口退税	进项税额转出	转出多交增值税		
月	日	种类	号数		千百十万千百十元角分	千百十万千百十元角分	千百十万千百十元角分	千百十万千百十元角分	千百十万千百十元角分	千百十万千百十元角分	千百十万千百十元角分	千百十万千百十元角分	千百十万千百十元角分		千百十万千百十元角分

具体要求

1. 掌握借方多栏式账页的登记方法。
2. 掌握贷方多栏式账页的登记方法。
3. 掌握借贷方多栏式账页的登记方法。

实训范例

例 5.2 多栏式账页的登记

【资料】张家港雄风公司 2016 年 3 月份有关业务资料见表 5-23—表 5-33。

业务 1

表 5-23

记 账 凭 证

2016 年 3 月 6 日   记字第 7 号

摘要	科目		借方金额	贷方金额	记账
	总账科目	明细科目	亿千百十万千百十元角分	亿千百十万千百十元角分	
购买办公用品	管理费用	办公费	2 0 0 0 0		✓
	银行存款			2 0 0 0 0	
合　计			¥ 2 0 0 0 0	¥ 2 0 0 0 0	

附件 1 张

会计主管：　　　　记账：　　　　出纳：　　　　复核：刘平山　　　　制单：陈红

附件

苏州市零售业专用发票

2016 年 3 月 5 日

客户名称　　张家港市雄风有限责任公司

品名	规格	单位	数量	单价	金额						备注
					万	千	百	十	元	角	分	
办公用品		批	1	200.00			2	0	0	0	0	
金额合计（大写）	人民币贰佰元整				¥		2	0	0	0	0	
销售单位	开户银行		结算方式		☑银行转账　　□现金							
	账　号		电话									

现金收讫

业务2

表 5-24

记 账 凭 证

2016 年 3 月 6 日   记字第 8 号

摘 要	科 目		借方金额 亿千百十万千百十元角分	贷方金额 亿千百十万千百十元角分	记账 ✓
	总账科目	明细科目			
支付董事津贴	管理费用	董事会费	5 0 0 0 0 0		
	银行存款			5 0 0 0 0 0	
	合 计		¥ 5 0 0 0 0 0	¥ 5 0 0 0 0 0	

附件2张

会计主管: 记账: 出纳: 复核:刘平山   制单:陈红

附件1

董事津贴发放表

2016 年 3 月 5 日

姓名	摘要	金额
王金平	3月份董事津贴	1 000.00
刘海涛	3月份董事津贴	1 000.00
朱晓敏	3月份董事津贴	1 000.00
常洪宾	3月份董事津贴	1 000.00
陆志明	3月份董事津贴	1 000.00
合计	大写金额:人民币伍仟元整	¥ 5 000.00

附件2

中国建设银行
转账支票存根
支票号码 XII415136
附加说明:
_____
_____
签发日期 2016 年 3 月 6 日

收款人:	本公司董事
金 额:	¥ 5 000.00
用 途:	董事津贴
备 注:	3月份

单位主管: 会计:

业务 3

表 5-25

记 账 凭 证

2016 年 3 月 9 日　　　　　　　　　记字第 9 号

摘　要	科　目		借方金额	贷方金额	记账
	总账科目	明细科目	亿千百十万千百十元角分	亿千百十万千百十元角分	✓
报销招待费	管理费用	业务招待费	２８７０００		
	库存现金			２８７０００	
合　　计			￥２８７０００	￥２８７０００	

会计主管：　　　记账：　　　出纳：　　　复核：刘平山　　　制单：陈红

附件１张

附件

江苏增值税普通发票

3200092270　　　　　发　票　联　　　　　NO 06736868

开票日期：2016 年 3 月 9 日

购货单位	名　　称：张家港市雄风有限责任公司 纳税人识别号：32058273622899 地址、电话：张家港市凤凰大道 28 号 开户行及账号：农行东吴分行 538201040084071	密码区	略

货物或应税劳务名称	规格型号	单位	数　量	单价	金　额	税率	税　额
业务招待费			1.00	2 707.55	2 707.55	6%	162.45
合计					￥2 707.55		￥162.45
价税合计	人民币（大写）⊗　　　贰仟捌佰柒拾元整　　　（小写）￥2 870.00						

销货单位	名　　称：张家港市联发大酒店 纳税人识别号：32058273622855 地址、电话：张家港市杨舍镇汇通路 118 号 开户行及账号：中国银行港城支行 20907908094508	备注	

收款人：　　　复核：　　　开票人：张玮　　　销货单位：（章）

项目五　明细分类账的登记

业务 4

表 5-26

记 账 凭 证

2016 年 3 月 10 日　　　　　　　　　　　记字第 13 号

摘　要	科　目		借方金额	贷方金额	记账
	总账科目	明细科目	亿千百十万千百十元角分	亿千百十万千百十元角分	✓
支付咨询费用	管理费用	咨询费	4 0 0 0 0 0		
	应交税费	应交增值税(进项税额)	2 4 0 0 0		
	银行存款			4 2 4 0 0 0	
	合　　计		￥4 2 4 0 0 0	￥4 2 4 0 0 0	

附件 2 张

会计主管：　　　记账：　　　出纳：　　　复核：刘平山　　　制单：陈红

附件 1

江苏增值税专用发票

3200092270　　　　　　　　发　票　联　　　　　　NO 06736868

开票日期：2016 年 03 月 09 日

购货单位	名　　　　称：张家港市雄风有限责任公司 纳税人识别号：32058273622899 地址、电话：张家港市凤凰大道 28 号 开户行及账号：农行东吴分行 538201040084071	密码区	略

货物或应税劳务名称	规格型号	单位	数　量	单价	金　额	税率	税　额
业务咨询费			1.00	40 000.00	40 000.00	6%	2 400.00
合计					￥40 000.00		￥2 400.00
价税合计	人民币(大写)⊗　　　　　肆万贰仟肆佰元整				(小写)￥42 400.00		

销货单位	名　　　　称：张家港市中天会计师事务所 纳税人识别号：3205007606773296 地址、电话：张家市建设路 118 号 开户行及账号：中国银行张家港支行 20907908094508	备注	

第三联　发票联　购货方记账凭证

收款人：　　　复核：　　　开票人：张玮　　　销货单位：(章)

附件2

江苏增值税专用发票
抵 扣 联

3200092270　　　　　　　　　　　　　　　　　　　　NO 06736814

开票日期：2016 年 03 月 09 日

购货单位	名　　称：张家港市雄风有限责任公司 纳税人识别号：32058273622899 地址、电话：张家港市凤凰大道28号 开户行及账号：农行东吴分行538201040084071	密码区	略

货物或应税劳务名称	规格型号	单位	数量	单价	金额	税率	税额
业务咨询费			1.00	4 000.00	4 000.00	6%	240.00
合计					¥4 000.00		¥240.00
价税合计	人民币（大写）⊗		肆仟贰佰肆拾元整			（小写）¥4 240.00	

销货单位	名　　称：张家港市中天会计师事务所 纳税人识别号：3205007606773296 地址、电话：张家市建设路118号 开户行及账号：中国银行张家港支行 20907908094508	备注	

收款人：　　　　复核：　　　　开票人：张玮　　　　销货单位:（章）

第二联 抵扣联 购货方扣税凭证

中国建设银行

转账支票存根

支票号码　XII415137

附加说明：

签发日期　2016 年 3 月 9 日

收款人：	中天会计师事务所
金　额：	¥4 240.00
用　途：	咨询费
备　注：	

单位主管：　　　　会计：

业务5

表 5-27

记 账 凭 证

2016 年 3 月 14 日 记字第 17 号

摘 要	科 目		借方金额	贷方金额	记账
	总账科目	明细科目	亿千百十万千百十元角分	亿千百十万千百十元角分	✓
支付咨询费用	管理费用	法律咨询费	2 5 0 0 0 0 0		
	应交税费	应交增值税(进项税额)	1 5 0 0 0 0		
	银行存款			2 6 5 0 0 0 0	
	合 计		¥ 2 6 5 0 0 0 0	¥ 2 6 5 0 0 0 0	

附件 2 张

会计主管： 记账： 出纳： 复核： 制单：陈红

附件

江苏增值税专用发票

3200092270　　　　　　发 票 联　　　　　　NO 06736878

开票日期：2016 年 03 月 13 日

购货单位	名　　称： 张家港市雄风有限责任公司 纳税人识别号：32058273622899 地 址、电 话：张家港市凤凰大道 28 号 开户行及账号：农行东吴分行 538201040084071	密码区	略

货物或应税劳务名称	规格型号	单位	数量	单价	金 额	税率	税 额
律师咨询费			1.00	25 000.00	25 000.00	6%	1 500.00
合计					¥ 25 000.00		¥ 1 500.00
价税合计	人民币(大写)⊗　　贰万陆仟伍佰元整				(小写) ¥ 26 500.00		

销货单位	名　　称： 张家港市公正律师事务所 纳税人识别号：320500760517168 地 址、电 话：张家市建设路 120 号 开户行及账号：中国银行张家港支行 20907908095508	备注	

收款人： 复核： 开票人：张玮 销货单位：(章)

第三联 发票联 购货方记账凭证

江苏增值税专用发票

抵 扣 联

3200092270

NO 06736878

开票日期：2016 年 03 月 13 日

购货单位	名　　称：张家港市雄风有限责任公司 纳税人识别号：32058273622899 地　址、电　话：张家港市凤凰大道 28 号 开户行及账号：农行东吴分行 538201040084071	密码区	略

货物或应税劳务名称	规格型号	单位	数　量	单　价	金　　额	税率	税　额
律师咨询费			1.00	25 000.00	25 000.00	6%	1 500.00
合计					￥25 000.00		￥1 500.00
价税合计	人民币（大写）⊗		贰万陆仟伍佰元整		（小写）￥26 500.00		

销货单位	名　　称：张家港市公正律师事务所 纳税人识别号：320500760517168 地　址、电　话：张家市建设路 120 号 开户行及账号：中国银行张家港支行 20907908095508	备注	

收款人：　　　　复核：　　　　开票人：张玮　　　　销货单位：(章)

第三联 发票联 购货方记账凭证

附件

中国建设银行

转账支票存根

支票号码　XII415138

附加说明：_____

_____

签发日期	2016 年 3 月 14 日
收款人：	公正律师事务所
金　额：	￥26 500.00
用　途：	律师服务费
备　注：	
单位主管	会计

项目五 明细分类账的登记

业务 6

表 5-28

记 账 凭 证

2016 年 3 月 15 日　　　　　　　　　　　记字第 20 号

摘　要	科　目		借方金额	贷方金额	记账
	总账科目	明细科目	亿千百十万千百十元角分	亿千百十万千百十元角分	✓
报销差旅费	管理费用	差旅费	2 6 0 0 0 0		
	银行存款			2 6 0 0 0 0	
					附件 1 张
	合　计		¥ 2 6 0 0 0 0	¥ 2 6 0 0 0 0	

会计主管：　　　　记账：　　　　出纳：　　　　复核：　　　　制单：陈红

附件

差旅费报销单

2016 年 3 月 15 日　　　　　　　　　　　　　　第 5 号

姓名	张雷		工作部门	厂部管理部门		出差事由		去上海商务谈判				
日期		地点		车船费		深夜补贴	途中补贴	住勤费		旅馆费	公交费	金额合计
起	讫	起	讫	车次或船名	时间	金额			地区	天数	补贴			
1	4	本市	上海			240.00			上海	4	400.00	1 960.00		2 600.00
							现金收讫							
报销金额（大写）		贰仟陆佰元整						¥ 2 600.00				

领导批准：蒋一平　　会计主管：黄宏　　部门负责人：李金　　审核：李煜　　报销人：张雷

业务7

表 5-29

记 账 凭 证

2016 年 3 月 18 日　　　　　　　　　　　　记字第 24 号

摘要	科目		借方金额	贷方金额	记账
	总账科目	明细科目	亿千百十万千百十元角分	亿千百十万千百十元角分	✓
支付停车费	管理费用	交通费	2 0 0 0 0		
	库存现金			2 0 0 0 0	
合　　　计			￥　　　　2 0 0 0 0	￥　　　　2 0 0 0 0	

附件20张

会计主管：　　　记账：　　　出纳：　　　复核：刘平山　　　制单：陈红

附件 1—20（此类发票共计 20 张，共 200 元）

业务8

表 5-30

记 账 凭 证

2016 年 3 月 31 日　　　　　　　　　　　　记字第 36 号

摘要	科目		借方金额	贷方金额	记账
	总账科目	明细科目	亿千百十万千百十元角分	亿千百十万千百十元角分	✓
计提折旧	制造费用	折旧费	5 8 9 5 0 0 0		
	管理费用	折旧费	5 1 9 1 0 0		
	累计折旧			6 4 1 4 1 0 0	
合　　　计			￥　　　6 4 1 4 1 0 0	￥　　　6 4 1 4 1 0 0	

附件1张

会计主管：　　　记账：　　　出纳：　　　复核：刘平山　　　制单：陈红

附件

固定资产折旧计算表
2016 年 3 月 31 日

部门 \ 类别	房屋				机器设备				合计
	原价	净残值	月折旧率	月折旧额	原价	净残值	月折旧率	月折旧额	
车间	7 500 000.00	4.00%	0.45%	33 750.00	3 150 000.00	5%	0.80%	25 200.00	58 950.00
厂部管理部门	750 000.00	4.00%	0.45%	3 375.00	227 000.00	5%	0.80%	1 816.00	5 191.00
合 计	8 250 00.00			37 125.00	3 377 000.00			27 016.00	64 141.00

制单：林小海　　　　　　　　　　　复核：丁大鹏

业务 9

表 5-31

记 账 凭 证
2016 年 3 月 31 日　　　　　　　　记字第 40 号

摘　要	科　目		借方金额	贷方金额	记账
	总账科目	明细科目	亿千百十万千百十元角分	亿千百十万千百十元角分	√
分配工资	生产成本	工资	4 5 0 0 0 0 0 0		
	制造费用	工资	2 4 0 0 0 0 0 0		
	管理费用	工资	8 6 0 0 0 0 0 0		
	应付职工薪酬	工资		5 6 0 0 0 0 0 0	
	合　　计		¥5 6 0 0 0 0 0 0	¥5 6 0 0 0 0 0 0	

附件 2 张

会计主管：　　　　记账：　　　　出纳：　　　　复核：　　　　制单：陈红

附件 1

工资结算汇总表
2016 年 3 月 31 日

部门 \ 项目	应付工资总额	扣　款					实发金额
		医疗保险	养老保险	失业保险	住房公积金	小计	
生产工人	450 000.00	9 000.00	45 000.00	900.00	45 000.00	99 900.00	350 100.00
车间管理人员	24 000.00	480.00	2 400.00	48.00	2 400.00	5 328.00	18 672.00
厂部管理人员	86 000.00	1 720.00	8 600.00	172.00	8 600.00	19 092.00	66 908.00
合 计	560 000.00	11 200.00	56 000.00	1 120.00	56 000.00	124 320.00	435 680.00

制单：王小梅　　　　　　　　　　　复核：丁大鹏

附件 2

工资费用分配表

2016 年 3 月 31 日

应借账户	直接计入	分配计入			合　计
		生产工时	分配率	分配金额	
生产成本	450 000.00				450 000.00
制造费用	24 000.00				24 000.00
管理费用	86 000.00				86 000.00
合　　计	560 000.00				560 000.00

制单：林小海　　　　　　　　　复核：丁大鹏

业务 10

表 5-32

记 账 凭 证

2016 年 3 月 31 日　　　　　　　　　记字第 45 号

摘　要	科　目		借方金额	贷方金额	记账
	总账科目	明细科目	亿千百十万千百十元角分	亿千百十万千百十元角分	✓
领用低值易耗品	管理费用	低值易耗品摊销	2 5 0 0 0 0		
	周转材料	低值易耗品		2 5 0 0 0 0	
	合　　计		¥ 2 5 0 0 0 0	¥ 2 5 0 0 0 0	

附件 1 张

会计主管：　　记账：　　出纳：　　复核：刘平山　　制单：陈红

附件

周转材料发出汇总表

2016 年 3 月 31 日

部门 \ 类别	低值易耗品
厂部管理部门	2 500.00
合　计	2 500.00

制单：林小海　　　　　　　　　复核：丁大鹏

业务 11

表 5-33

记 账 凭 证

2016 年 3 月 31 日　　　　　　　　　　　记字第 46 号

摘要	科目		借方金额	贷方金额	记账
	总账科目	明细科目	亿千百十万千百十元角分	亿千百十万千百十元角分	√
结转损益类科目	本年利润		4 1 4 5 6 1 0 0		
	主营业务成本			2 5 8 0 0 0 0 0	
	营业税金及附加			1 5 0 0 0 0 0	
	管理费用			1 3 3 5 6 1 0 0	
	销售费用			8 0 0 0 0 0	
	合　　计		¥ 4 1 4 5 6 1 0 0	¥ 4 1 4 5 6 1 0 0	

会计主管：　　　　记账：　　　　出纳：　　　　复核：　　　　制单：陈红

附件1张

附件

损益类账户发生额表

2016 年 3 月 31 日

账户名称	借方发生额	贷方发生额
主营业务收入		340 000.00
主营业务成本	258 000.00	
营业税金及附加	15 000.00	
管理费用	133 561.00	
销售费用	8 000.00	
合　计	414 561.00	340 000.00

制单：李冬生　　　　复核：胡明

【要求】根据上述资料登记"管理费用"明细分类账（见表 5-34）。

表 5-34

管理费用 明细分类账

总 __38__ 页 分 __4__ 页
一级科目编号或名称 __管理费用__
二级科目编号或名称 _____

16年		凭证		摘要	合计	办公费	董事会费	业务招待费	咨询费	差旅费	交通费	折旧费	工资	低值易耗品摊销
月	日	种类	号数											
3	6	记	7	购买办公用品	2 000.00	2 000.00								
3	6	记	8	支付董事津贴	50 000.00		50 000.00							
3	9	记	9	报销招待费	2 870.00			2 870.00						
3	10	记	13	支付咨询费	4 000.00				4 000.00					
3	14	记	17	支付法律咨询费	2 500.00				2 500.00					
3	15	记	20	报销差旅费	2 600.00					2 600.00				
3	18	记	24	支付停车费	200.00						200.00			
3	31	记	36	计提折旧	5 191.00							5 191.00		
3	31	记	40	分配工资	8 600.00								8 600.00	
3	31	记	45	领用低值易耗品	2 500.00									2 500.00
3	31	记	46	结转管理费用	80 461.00	2 000.00	50 000.00	2 870.00	6 500.00	2 600.00	200.00	5 191.00	8 600.00	2 500.00

实训操作

▶ 实训 5-2 "应交税费——应交增值税"明细分类账的登记

[资料一] 张家港龙兴股份有限公司"应交税费——应交增值税"账户明细分类账有关账户记录见表 5-35。

表 5-35

应交增值税 明细账

年		凭证		摘要	借方					贷方				借或贷	余额
月	日	种类	号数		进项税额	已交税金	减免税款	出口抵减内销产品应纳税额	转出未交增值税	销项税额	出口退税	进项税额转出	转出多交增值税		
6	1			期初余额										贷	12 3 2 9 0 0 0

【资料二】 2016年6月,该公司有关增值税业务资料见表5-36—表5-45。

业务1

表5-36

记 账 凭 证

2016年6月2日　　　　　　　　　　　　　　记字第 2 号

摘 要	科 目		借方金额	贷方金额	记账
	总账科目	明细科目	亿千百十万千百十元角分	亿千百十万千百十元角分	✓
购入甲材料	在途物资	甲材料	1 2 0 0 0 0 0 0		
	应交税费	应交增值税 (进项税额)	2 0 4 0 0 0 0		
	银行存款	工商银行		1 4 0 4 0 0 0 0	
合　　计			￥1 4 0 4 0 0 0 0	￥1 4 0 4 0 0 0 0	

会计主管：　　　　记账：　　　　出纳：　　　　复核：刘宏兴　　　　制单：张龙发

附件3张

业务2

表5-37

记 账 凭 证

2016年6月3日　　　　　　　　　　　　　　记字第 4 号

摘 要	科 目		借方金额	贷方金额	记账
	总账科目	明细科目	亿千百十万千百十元角分	亿千百十万千百十元角分	✓
购入乙材料	原材料	乙材料	5 0 0 0 0 0 0		
	应交税费	应交增值税 (进项税额)	8 5 0 0 0 0		
	银行存款	工商银行		5 8 5 0 0 0 0	
合　　计			￥5 8 5 0 0 0 0	￥5 8 5 0 0 0 0	

会计主管：　　　　记账：　　　　出纳：　　　　复核：刘宏兴　　　　制单：张龙发

附件4张

项目五 明细分类账的登记

业务3

表 5-38

记 账 凭 证

2016 年 6 月 5 日   记字第 7 号

摘要	科目		借方金额	贷方金额	记账
	总账科目	明细科目	亿千百十万千百十元角分	亿千百十万千百十元角分	√
购入乙材料	在途物资	乙材料	4 2 7 3 5 0 4 3		
	应交税费	应交增值税（进项税额）	7 2 6 4 9 5 7		
	其他货币资金	银行本票存款		5 0 0 0 0 0 0 0	
	合 计		¥ 5 0 0 0 0 0 0 0	¥ 5 0 0 0 0 0 0 0	

附件 4 张

会计主管：　　　记账：　　　出纳：　　　复核：刘宏兴　　　制单：张龙发

业务4

表 5-39

记 账 凭 证

2016 年 6 月 7 日   记字第 17 号

摘要	科目		借方金额	贷方金额	记账
	总账科目	明细科目	亿千百十万千百十元角分	亿千百十万千百十元角分	√
销售A产品一批	银行存款	工商银行	5 6 0 0 0 0 0 0		
	主营业务收入	A产品销售收入		4 7 8 6 3 2 4 8	
	应交税费	应交增值税（销项税额）		8 1 3 6 7 5 2	
	合 计		¥ 5 6 0 0 0 0 0 0	¥ 5 6 0 0 0 0 0 0	

附件 3 张

会计主管：　　　记账：　　　出纳：　　　复核：刘宏兴　　　制单：张龙发

业务5

表 5-40

记 账 凭 证

2016 年 6 月 10 日　　　　　　　　　　　　　　记字第 28 号

摘 要	科 目		借方金额	贷方金额	记账
	总账科目	明细科目	亿千百十万千百十元角分	亿千百十万千百十元角分	✓
缴纳上月增值税	应交税费	未缴增值税（进项税额）	1 2 3 2 0 0 0 0		
	银行存款	工商银行		1 2 3 2 0 0 0 0	
合　　计			¥ 1 2 3 2 0 0 0 0	¥ 1 2 3 2 0 0 0 0	

会计主管：　　　　记账：　　　　出纳：　　　　复核：刘宏兴　　　　制单：张龙发

附件 2 张

业务6

表 5-41

记 账 凭 证

2016 年 6 月 12 日　　　　　　　　　　　　　　记字第 34 号

摘 要	科 目		借方金额	贷方金额	记账
	总账科目	明细科目	亿千百十万千百十元角分	亿千百十万千百十元角分	✓
结转出口商品不予抵扣税额	主营业务成本	A 产品	3 4 2 1 0 0 0		
	应交税费	应交增值税（进项税额转出）		3 4 2 1 0 0 0	
合　　计			¥ 3 4 2 1 0 0 0	¥ 3 4 2 1 0 0 0	

会计主管：　　　　记账：　　　　出纳：　　　　复核：刘宏兴　　　　制单：张龙发

附件 2 张

项目五　明细分类账的登记

业务7

表5-42

记 账 凭 证

2016年6月15日　　　　　　　　　　　　　　　　　记字第 38 号

摘　要	科　目		借方金额	贷方金额	记账
	总账科目	明细科目	亿千百十万千百十元角分	亿千百十万千百十元角分	✓
结转出口退税	其他应收款	应收出口退税	1 2 4 2 8 0 0		
	应交税费	应交增值税（出口退税）		1 2 4 2 8 0 0	附件2张
	合　　计		￥　　1 2 4 2 8 0 0	￥　　1 2 4 2 8 0 0	

会计主管：　　　　记账：　　　　出纳：　　　　复核：刘宏兴　　　　制单：张龙发

业务8

表5-43

记 账 凭 证

2016年6月10日　　　　　　　　　　　　　　　　　记字第 28 号

摘　要	科　目		借方金额	贷方金额	记账
	总账科目	明细科目	亿千百十万千百十元角分	亿千百十万千百十元角分	✓
销售B产品一批	应收账款	东方公司	6 2 0 0 0 0 0 0		
	主营业务收入	A产品销售收入		5 2 9 9 1 4 5 3	
	应交税费	应交增值税（销项税额）		9 0 0 8 5 4 7	附件4张
	合　　计		￥　6 2 0 0 0 0 0 0	￥　6 2 0 0 0 0 0 0	

会计主管：　　　　记账：　　　　出纳：　　　　复核：刘宏兴　　　　制单：张龙发

业务 9

表 5-44

记 账 凭 证

2016 年 6 月 20 日　　　　　　　　　　　　　　记字第 40 号

摘　要	科　目		借方金额	贷方金额	记账
	总账科目	明细科目	亿千百十万千百十元角分	亿千百十万千百十元角分	✓
支付B产品运杂费	销售费用	运杂费	7 2 5 4 0 0		
	应交税费	应交增值税（进项税额）	5 4 6 0 0		
	银行存款	工商银行		7 8 0 0 0 0	
	合　计		¥ 　　　7 8 0 0 0 0	¥ 　　　7 8 0 0 0 0	

附件3张

会计主管：　　　　记账：　　　　出纳：　　　　复核：刘宏兴　　　　制单：张龙发

业务 10　结转本月多交或未交增值税

表 5-45

记 账 凭 证

2016 年 6 月 30 日　　　　　　　　　　　　　　记字第 58 号

摘　要	科　目		借方金额	贷方金额	记账
	总账科目	明细科目	亿千百十万千百十元角分	亿千百十万千百十元角分	✓
	合　计				

附件2张

会计主管：　　　　记账：　　　　出纳：　　　　复核：刘宏兴　　　　制单：张龙发

【要求】根据上述资料编制"记字第58号"记账凭证，并登记"应交税费——应交增值税"明细账。

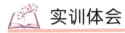 实训体会

 教师评价

任务3 掌握数量金额式账页的登记方法

知识准备

一、什么是数量金额式明细分类账簿

数量金额式明细分类账其借方(收入)、贷方(发出)和余额(结存)都分别设有数量、单价和金额三个专栏。

数量金额式明细账适用于既要进行金额核算,又要进行数量核算的各种财产物资类科目的明细分类核算。例如,对"原材料"、"库存商品"、"固定资产"等总账科目的明细分类核算,可采用数量金额式明细账。

二、数量金额式明细账的设置和登记

数量金额式明细分类账的账页格式,分别设有收入、发出和结存栏。但是在收入、发出和结存栏的每一栏目中,又分别设有数量、单价和金额栏。

数量金额式明细分类账是由会计人员根据审核无误的记账凭证或原始凭证,按经济业务发生的时间先后顺序逐日逐笔进行登记的。

三、数量金额式明细账的格式

数量金额式明细账的一般格式如下:

明细账

分页_____ 总页_____

最高存量_____　　　　　　　　　　　　　　　编号、名称_____
最低存量_____ 储存天数_____ 存放地点_____ 计量单位_____ 规格_____ 类别_____

年		凭证		摘要	收　入			发　出			结　存		
月	日	种类	号数		数量	单价	金额(千百十万千百十元角分)	数量	单价	金额(千百十万千百十元角分)	数量	单价	金额(千百十万千百十元角分)

项目五 明细分类账的登记

具体要求

掌握数量金额式账页的登记方法。

实训范例

例 5.3　数量金额式账页的登记

某企业 2016 年 6 月 1 日购进原材料甲 23 500.00 元,其原材料明细账及记账凭证分别见表 5-46 和表 5-47。

表 5-46

原材料　明细账　　　　　　　　　分页 4 　总页 15

最高存量　2 000　　　　　　　　　　　　　　　　　　　编号、名称　A401 甲材料
最低存量　500　　　储存天数 20 　存放地点 第一仓库 　计量单位 千克 　规格 2×32 　类别 主要材料

年		凭证		摘要	收入			发出			结存		
月	日	种类	号数		数量	单价	金额(千百十万千百十元角分)	数量	单价	金额(千百十万千百十元角分)	数量	单价	金额(千百十万千百十元角分)
6	1			期初结存							800	20	1 6 0 0 0 0 0
	1	记	1	宏兴公司 材料入库	1 000	23.5	2 3 5 0 0 0 0				800 1 000	20 23.5	1 6 0 0 0 0 0 2 3 5 0 0 0 0

表 5-47

记　账　凭　证

2016 年 6 月 1 日　　　　　　　　　记字第 1 号

摘　要	科　目		借方金额	贷方金额	记账
	总账科目	明细科目	亿千百十万千百十元角分	亿千百十万千百十元角分	√
材料验收入库	原材料	甲材料	2 3 5 0 0 0 0		
	应交税费	应交增值税 (进项税额)	3 5 7 0 0 0		
	应付账款	宏兴公司		2 7 0 7 0 0 0	
					附件3张
合　计			¥ 2 7 0 7 0 0 0	¥ 2 7 0 7 0 0 0	

会计主管：　　　　记账：　　　　出纳：　　　　复核：钟晓明　　　　制单：何红宾

附件

入 库 单

入库部门：仓储部　　　　　　　　2016年6月1日　　　　　　　　专字第 1 号

种类	编号	名称	规格	数量	单位	单价	运杂费	千	百	十	万	千	百	十	元	角	分
A401	601	甲材料	2×32CM	1 000	千克	21	2 500.00			2	3	5	0	0	0	0	0
备注							合计	¥		2	3	5	0	0	0	0	0

第三联　财务记账

负责人：赵龙兴　　　　记账：张建国　　　　验收：许兴才　　　　填单：盛立虎

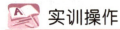

实训操作

▶ 实训 5-3　数量金额式账页的登记

【资料】苏州市金鑫机械有限公司 2016 年 6 月份有关资料见表 5-48 和表 5-49。

表 5-48

原材料　明细账

分页 __4__　总页 __15__

最高存量　5 000　　　　　　　　　　　　　　　　　　　编号、名称 __A401 甲材料__
最低存量　500　　储存天数 __20__　存放地点 __第一仓库__　计量单位 __千克__　规格 __2×32__　类别 __主要材料__

2016年		凭证		摘要	收入			发出			结存		
月	日	种类	号数		数量	单价	金额（千百十万千百十元角分）	数量	单价	金额（千百十万千百十元角分）	数量	单价	金额（千百十万千百十元角分）
6	1			期初结存							800	20	1 6 0 0 0 0 0

表 5-49

原材料　明细账

分页 __6__　总页 __15__

最高存量　4 000　　　　　　　　　　　　　　　　　　　编号、名称 __A402 乙材料__
最低存量　500　　储存天数 __30__　存放地点 __第一仓库__　计量单位 __千克__　规格 __4×52__　类别 __主要材料__

2016年		凭证		摘要	收入			发出			结存		
月	日	种类	号数		数量	单价	金额（千百十万千百十元角分）	数量	单价	金额（千百十万千百十元角分）	数量	单价	金额（千百十万千百十元角分）
6	1			期初结存							800	50	4 0 0 0 0 0 0

业务 1

6 月 1 日购入甲材料一批(见表 5-50)。

项目五　明细分类账的登记

表 5-50

记 账 凭 证

2016 年 6 月 1 日　　　　　　　　　　　　记字第 1 号

摘要	科目		借方金额 亿千百十万千百十元角分	贷方金额 亿千百十万千百十元角分	记账
	总账科目	明细科目			√
材料验收入库	原材料	甲材料	2 6 0 0 0 0 0 0		
	应交税费	应交增值税（进项税额）	4 4 2 0 0 0 0		
	应付账款	宏兴公司		3 0 4 2 0 0 0 0	
	合　计		￥3 0 4 2 0 0 0 0	￥3 0 4 2 0 0 0 0	

会计主管：　　　记账：　　　出纳：　　　复核：钟晓明　　　制单：何红宾

附件 3 张

附件

入 库 单

入库部门：仓储部　　　　　2016 年 6 月 1 日　　　　　　专字第 1 号

种类	编号	名称	规格	数量	单位	单价	运杂费	千百十万千百十元角分
A401	601	甲材料	2×32cm	1 000	千克	2 600		2 6 0 0 0 0 0 0
备注						合计	￥2 6 0 0 0 0 0 0	

负责人：赵龙兴　　　记账：张建国　　　验收：许兴才　　　填单：盛立虎

第三联 财务记账

业务 2

6 月 3 日购入乙材料一批（见表 5-51）。

表 5-51

记 账 凭 证

2016 年 6 月 3 日　　　　　　　　　　　　记字第 2 号

摘要	科目		借方金额 亿千百十万千百十元角分	贷方金额 亿千百十万千百十元角分	记账
	总账科目	明细科目			√
材料验收入库	原材料	乙材料	2 1 7 8 0 0 0 0		
	应交税费	应交增值税（进项税额）	3 7 0 2 6 0 0 0		
	银行存款	东吴公司		2 5 4 8 2 6 0 0 0	
	合　计		￥2 5 4 8 2 6 0 0 0	￥2 5 4 8 2 6 0 0 0	

会计主管：　　　记账：　　　出纳：　　　复核：钟晓明　　　制单：何红宾

附件 3 张

附件

入 库 单

入库部门：仓储部　　　　2016 年 6 月 3 日　　　　　　　　专字第 2 号

种类	编号	名称	规格	数量	单位	单价	运杂费	千	百	十	万	千	百	十	元	角	分
A402	602	乙材料	2×42cm	800	千克	2 700	18 000.00		2	1	7	8	0	0	0	0	0
备注							合计	¥	2	1	7	8	0	0	0	0	0

负责人：赵龙兴　　　　记账：张建国　　　　验收：许兴才　　　　填单：盛立虎

第三联　财务记账

业务 3

6 月 5 日购进甲材料一批（见表 5-52）。

表 5-52

记 账 凭 证

2016 年 6 月 5 日　　　　　　　　记字第 3 号

摘　要	科　目		借方金额										贷方金额										记账
	总账科目	明细科目	亿	千	百	十	万	千	百	十	元	角	分	亿	千	百	十	万	千	百	十	元	角	分	✓
材料验收入库	原材料	甲材料					1	6	2	4	0	0	0											
	应交税费	应交增值税（进项税额）						2	7	6	0	8	0											
	应付账款	华兴公司																1	9	0	0	0	8	0	0
合　计			¥				1	9	0	0	0	8	0	0	¥			1	9	0	0	0	8	0	0

会计主管：　　　记账：　　　出纳：　　　复核：钟晓明　　　制单：何红宾

附件 3 张

附件

入 库 单

入库部门：仓储部　　　　2016 年 6 月 5 日　　　　　　　　专字第 3 号

种类	编号	名称	规格	数量	单位	单价	运杂费	千	百	十	万	千	百	十	元	角	分
A401	601	甲材料	2×32cm	600	千克	2 700	4 000.00		1	6	2	4	0	0	0	0	0
备注							合计	¥	1	6	2	4	0	0	0	0	0

负责人：赵龙兴　　　　记账：张建国　　　　验收：许兴才　　　　填单：盛立虎

第三联　财务记账

业务 4

6 月 8 日购进乙材料一批（见表 5-53）。

项目五 明细分类账的登记

表 5-53

记 账 凭 证

2016 年 6 月 8 日　　　　　　　　　　　记字第 4 号

摘　要	科　目		借方金额	贷方金额	记账
	总账科目	明细科目	亿千百十万千百十元角分	亿千百十万千百十元角分	√
发出乙材料对外投资	其他业务成本		1 4 1 5 0 0 0 0 0		
	原材料	乙材料		1 4 1 5 0 0 0 0 0	
	合　计		¥1 4 1 5 0 0 0 0 0	¥1 4 1 5 0 0 0 0 0	

附件3张

会计主管：　　　　记账：　　　　出纳：　　　　复核：钟晓明　　　　制单：何红宾

附件

领 料 单

发货仓库：材料仓库　　　　　　　　　　　　　　第 1 号
提货单位：华佳有限责任公司　　　　　　　　　2016 年 06 月 08 日

类别	编号	名称型号	单位	应发数量	实发数量	单位成本	金　额
A402	602	乙材料	千克	500	500	2 830.00	1 415 000.00
	合　计		千克	500	500		¥1 415 000.00

第三联　财务记账

负责人：李四　　　经发：刘五　　　保管：王三　　　填单：

业务 5

6 月 12 日发出甲材料一批（见表 5-54）。

表 5-54

记 账 凭 证

2016 年 6 月 12 日　　　　　　　　　　　记字第 5 号

摘　要	科　目		借方金额	贷方金额	记账
	总账科目	明细科目	亿千百十万千百十元角分	亿千百十万千百十元角分	√
发出甲材料	生产成本	A产品	5 6 6 0 0 0 0 0		
	制造费用	一车间	4 2 4 5 0 0 0 0		
	管理费用		2 8 3 0 0 0 0 0		
	销售费用		2 8 3 0 0 0 0 0		
	原材料	甲材料		1 5 5 6 5 0 0 0 0	
	合　计		¥1 5 5 6 5 0 0 0 0	¥1 5 5 6 5 0 0 0 0	

附件4张

会计主管：　　　　记账：　　　　出纳：　　　　复核：钟晓明　　　　制单：何红宾

附件 1

领 料 单

发货仓库:材料仓库　　　　　　　　　　　　　　　　　　　　第 2 号
提货单位:车间生产 A 产品　　　　　　　　　　　　　　　　2016 年 06 月 12 日

类别	编号	名称型号	单位	应发数量	实发数量	单位成本	金　额
A401	601	甲材料	千克	200	200	2 830.00	566 000.00
	合　　计		千克	200	200		￥566 000.00

负责人:李四　　　　经发:刘五　　　　保管:王三　　　　填单:

第三联　财务记账

附件 2

领 料 单

发货仓库:材料仓库　　　　　　　　　　　　　　　　　　　　第 3 号
提货单位:车间生产一般耗用　　　　　　　　　　　　　　　2016 年 06 月 12 日

类别	编号	名称型号	单位	应发数量	实发数量	单位成本	金额
A401	601	甲材料	千克	150	150	2 830.00	424 500.00
	合　　计		千克	150	150		￥424 500.00

负责人:李四　　　　经发:刘五　　　　保管:王三　　　　填单:

第三联　财务记账

附件 3

领 料 单

发货仓库:材料仓库　　　　　　　　　　　　　　　　　　　　第 4 号
提货单位:行政厂部管理部门　　　　　　　　　　　　　　　2016 年 06 月 12 日

类别	编号	名称型号	单位	应发数量	实发数量	单位成本	金　额
A401	601	甲材料	千克	100	100	2 830.00	283 000.00
	合　　计		千克	100	100		￥283 000.00

负责人:李四　　　　经发:刘五　　　　保管:王三　　　　填单:

第三联　财务记账

附件 4

领 料 单

发货仓库:材料仓库
提货单位:专设销售部门

第 6 号
2016 年 06 月 12 日

类别	编号	名称型号	单位	应发数量	实发数量	单位成本	金　额
A401	601	甲材料	千克	100	100	2 830.00	283 000.00
合　计			千克	100	100		￥283 000.00

负责人:李四　　　经发:刘五　　　保管:王三　　　填单:

第三联　财务记账

业务 6

6 月 18 日发出甲材料一批(见表 5-55)。

表 5-55

记 账 凭 证

2016 年 6 月 18 日　　　　　　　　　　　记字第 6 号

摘　要	科　目		借方金额	贷方金额	记账
	总账科目	明细科目	亿千百十万千百十元角分	亿千百十万千百十元角分	✓
发出甲材料	其他业务成本		4 2 4 5 0 0 0 0		
	原材料	甲材料		4 2 4 5 0 0 0 0	
合　计			￥4 2 4 5 0 0 0 0	￥4 2 4 5 0 0 0 0	

会计主管:　　　记账:　　　出纳:　　　复核:钟晓明　　　制单:何红宾

附件 3 张

附件

领 料 单

发货仓库:材料仓库
提货单位:华美贸易有限公司

第 7 号
2016 年 06 月 18 日

类别	编号	名称型号	单位	应发数量	实发数量	单位成本	金　额
A401	601	甲材料	千克	150	150	2 830.00	424 500.00
合　计			千克	150	150		￥424 500.00

负责人:李四　　　经发:刘五　　　保管:王三　　　填单:

第三联　财务记账

业务7

6月25日发出乙材料一批(见表5-56)。

表5-56

记 账 凭 证

2016 年 6 月 25 日　　　　　　　　　　　　记字第 7 号

摘 要	科 目		借方金额	贷方金额	记账
	总账科目	明细科目	亿千百十万千百十元角分	亿千百十万千百十元角分	√
发出材料	委托加工物资		2 6 0 0 0 0 0 0		
	原材料	乙材料		2 6 0 0 0 0 0 0	
	合 计		¥ 2 6 0 0 0 0 0 0	¥ 2 6 0 0 0 0 0 0	

附件3张

会计主管：　　　　记账：　　　　出纳：　　　　复核：钟晓明　　　　制单：何红宾

附件

领 料 单

发货仓库：材料仓库　　　　　　　　　　　　　　　　　　　第 1 号
提货单位：华盛加工有限责任公司　　　　　　　　　　　　2016 年 06 月 25 日

类别	编号	名称型号	单位	应发数量	实发数量	单位成本	金 额
A402	602	乙材料	千克	100	100	2 600.00	260 000.00
	合 计		千克	100	100		¥260 000.00

第三联　财务记账

负责人：李四　　　　经发：刘五　　　　保管：王三　　　　填单：

业务8

6月30日入库乙材料一批(见表5-57)。

表5-57

记 账 凭 证

2016 年 6 月 30 日　　　　　　　　　　　　记字第 8 号

摘 要	科 目		借方金额	贷方金额	记账
	总账科目	明细科目	亿千百十万千百十元角分	亿千百十万千百十元角分	√
材料验收入库	原材料	乙材料	2 6 5 0 0 0 0 0		
	委托加工物资			2 6 5 0 0 0 0 0	
	合 计		¥ 2 6 5 0 0 0 0 0	¥ 2 6 5 0 0 0 0 0	

附件3张

会计主管：　　　　记账：　　　　出纳：　　　　复核：钟晓明　　　　制单：何红宾

项目五　明细分类账的登记

附件

入 库 单

入库部门：仓储部　　　　　　　2016年6月30日　　　　　　　　专字第4号

种类	编号	名称	规格	数量	单位	单价	运杂费	千	百	十	万	千	百	十	元	角	分
A402	602	乙材料	2×42cm	10	千克	2 600	500.00			2	6	5	0	0	0	0	
备注							合计	¥		2	6	5	0	0	0	0	

第三联　财务记账

负责人：赵龙兴　　　　记账：张建国　　　　验收：许兴才　　　　填单：盛立虎

业务9

6月30日仓库盘亏甲材料一批（见表5-58）。

表5-58

记 账 凭 证

2016年6月30日　　　　　　　　　　　　　　　记字第 9 号

摘　要	科　目		借方金额	贷方金额	记账
	总账科目	明细科目	亿千百十万千百十元角分	亿千百十万千百十元角分	√
盘亏材料	待处理财产损溢		2 8 3 0 0 0		
	原材料	甲材料		2 8 3 0 0 0	
	合　计		¥2 8 3 0 0 0	¥2 8 3 0 0 0	

附件3张

会计主管：　　　　记账：　　　　出纳：　　　　复核：钟晓明　　　　制单：何红宾

附件

甲材料实存账存对比表

库号1　　　　　　　　　　　2016年6月30日

名称	规格型号	单位	单价	账面数	实有数	盘盈数		盘亏数		盘亏原因	备　注
						数量	金额	数量	金额		
甲材料		千克	2 830	900	899			1	2 830	原因待查	

部门主管：李四　　　　　　　保管员：王三　　　　　　　　　复查人：×××

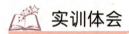 **实训体会**

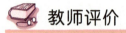 **教师评价**

任务4　掌握横线登记式账页的登记方法

知识准备

一、什么是横线登记式明细分类账

横线登记式明细分类账也叫平行登记式明细分类账,即将每一相关的业务登记在一行,从而可依据每一行各个栏目的登记是否齐全来判断该项业务的进展情况。

这种明细账适用于登记物资采购业务、应收票据和其他应收款(一次性备用金)业务。

二、横线登记式明细账的设置和登记

横线登记式明细分类账,是根据经济业务的特点和经营管理的需要,在账页的一行中登记经济业务的全过程,按有关明细项目分设若干专栏,按明细分类账登记的经济业务不同,横线登记式明细分类账一般有材料采购明细分类账、其他应收款明细分类账等。

三、横线登记式明细账的常用格式

横线登记式明细账的常用格式如下:

物资采购明细账

年		凭证编号	摘要	借方(实际成本)				贷方			合计	
月	日			买价	运杂费	其他	合计	计划成本	成本差异	其他		

编号_____ 页次_____
材料科目_____ 总页_____
材料类别或名称_____

项目五　明细分类账的登记

其他应收款——备用金明细账

年		凭证编号	摘要	借方											贷方																														账号	
																																													页次	总页码

其他应收款明细账

具体要求

1. 掌握材料采购明细账的登记方法。
2. 掌握其他应收款明细账的登记方法。

例 5.4 横线登记式账页的登记

【资料】 某企业 2016 年 3 月发生以下有关业务：3 月 12 日职工王强借款 2000 元，3 月 20 日王强报销差旅费，上述业务已登记入账，账务处理见表 5-59、表 5-60 和表 5-61。

表 5-59

记 账 凭 证

2016 年 3 月 12 日　　　　　　　　　　　　　　　　　　　记字第　7　号

摘　要	科　目		借方金额	贷方金额	记账
	总账科目	明细科目	亿千百十万千百十元角分	亿千百十万千百十元角分	√
预借差旅费	其他应收款	王强	2 0 0 0 0 0		
	库存现金			2 0 0 0 0 0	
					附件 1 张
	合　计		￥ 2 0 0 0 0 0	￥ 2 0 0 0 0 0	

会计主管：　　　　记账：　　　　出纳：　　　　复核：刘平山　　　　制单：陈红

附件

暂 支 单

2016 年 3 月 12 日　　　　　　　　　　　　　　　　　　　字第 0032 号

借款人	王强	借款事由	济南采购材料
所属部门	供应科		
借款金额人民币（大写）	贰仟元整　￥2 000.00	核准金额	人民币（大写）贰仟元整
审批意见： 同意借支 于亮　2016 年 3 月 12 日	**现金付讫**	归还期限　3 月 26 日	归还方式　　回来报账

会计主管：　　　　复核：　　　　出纳：　　　　借款人：王强

项目五 明细分类账的登记

表5-60

记 账 凭 证
2016年3月20日　　　　　　　　　　记字第 11 号

摘　要	科　目		借方金额	贷方金额	记账
	总账科目	明细科目	亿千百十万千百十元角分	亿千百十万千百十元角分	✓
报销差旅费	管理费用	差旅费	1 9 6 0 0 0		
	其他应收款	王强		1 9 6 0 0 0	
	合　　计		¥ 2 0 0 0 0 0	¥ 2 0 0 0 0 0	

附件1张

会计主管：　　　　　记账：　　　　　出纳：　　　　　复核：刘平山　　　　　制单：陈红

表5-61

记 账 凭 证
2016年3月20日　　　　　　　　　　记字第 12 号

摘　要	科　目		借方金额	贷方金额	记账
	总账科目	明细科目	亿千百十万千百十元角分	亿千百十万千百十元角分	✓
退回多借差旅费	库存现金		4 0 0 0		
	其他应收款	王强		4 0 0 0	
	合　　计		¥ 4 0 0 0	¥ 4 0 0 0	

附件1张

会计主管：　　　　　记账：　　　　　出纳：　　　　　复核：刘平山　　　　　制单：陈红

附件

差 旅 费 报 销 单

单位名称：供应科　　　　　填报日期：2016年3月20日　　　　　　　单位　元

姓名	王强		职级	采购师	出差事由	采购材料	出差时间	计划14天
								实际7天
日期		起止地点		飞机车船	其他费用			
月	日	起	止	类别	金额	项目	标准	计算天数	核报金额
3	12	苏州	济南	火车	320	住宿费	包干报销	120	6	720
3	19	济南	苏州	火车	320		限额报销			
						伙食补助费	25	7	175
						其他杂支			425
		小　　计			¥640		小　　计			¥1 320
总计金额		贰仟零陆拾元整			预支：2 000.00　核销：1 960.00　退补：40.00					

主管：王洁　　　　　部门：　　　　　审核：陈红　　　　　填报人：王强

　　收款收据略。

根据以上凭证，明细账登记账见表 5-62。

表 5-62

其他应收款——备用金明细账

2016年		凭证编号	摘要	借方 原借 亿千百十万千百十元角分	贷方 报销 亿千百十万千百十元角分	贷方 退款 亿千百十万千百十元角分	合计 亿千百十万千百十元角分	余额 亿千百十万千百十元角分
月	日							
3	12	记7	预借差旅费	2 0 0 0 0 0 0				
3	20	记11	报销差旅费		1 9 6 0 0 0			
3	20	记12	报销差旅费			4 0 0 0		

账号 _____
页次 _____ 总页码 _____

项目五　明细分类账的登记

▶ 实训5-4 "物资采购"明细分类账的登记

【资料一】2016年B企业为一般纳税人,甲材料采用计划成本核算。期初资料如下:"原材料甲"3 000 000元、"材料成本差异"(借方)57 000元、"物资采购"余额为571 125元。

【资料二】9月经济业务如下:

业务1

9月5日,购进原材料甲一批,价款68 000元,增值税11 560元,发票结算凭证均收到(见表5-63),货款通过银行汇票支付,但材料尚未运到。

表5-63

记 账 凭 证

2016年9月5日　　　　　　　　　　　　　　记字第 21 号

摘要	科目		借方金额	贷方金额	记账
	总账科目	明细科目	亿千百十万千百十元角分	亿千百十万千百十元角分	✓
购进材料	物资采购	甲材料	6 8 0 0 0 00		
	应交税费	应交增值税(进项税额)	1 1 5 6 0 00		
	其他货币资金	银行汇票		7 9 5 6 0 00	
	合　计		¥ 7 9 5 6 0 00	¥ 7 9 5 6 0 00	

附件1张

会计主管:　　　　记账:　　　　出纳:　　　　复核:刘平山　　　　制单:陈红

业务2

9月12日,上述材料运到并验收入库,计划成本70 000元(见表5-64)。

表5-64

记 账 凭 证

2016年9月12日　　　　　　　　　　　　　记字第 22 号

摘要	科目		借方金额	贷方金额	记账
	总账科目	明细科目	亿千百十万千百十元角分	亿千百十万千百十元角分	✓
材料验收入库	原材料	甲材料	7 0 0 0 0 00		
	材料成本差异			2 0 0 0 00	
	物资采购			6 8 0 0 0 00	
	合　计		¥ 7 0 0 0 0 00	¥ 7 0 0 0 0 00	

附件1张

会计主管:　　　　记账:　　　　出纳:　　　　复核:刘平山　　　　制单:陈红

业务 3

9月16日，上月已付款的材料到达，计划成本 571 125 元（见表 5-65）。

表 5-65

记 账 凭 证

2016 年 9 月 16 日　　　　　记字第 23 号

摘要	科目		借方金额	贷方金额	记账
	总账科目	明细科目	亿千百十万千百十元角分	亿千百十万千百十元角分	✓
材料验收入库	原材料	甲材料	5 7 0 0 0 0 0 0		
	材料成本差异		1 1 2 5 0 0		
	物资采购			5 7 1 1 2 5 0 0	
	合 计		¥ 5 7 1 1 2 5 0 0	¥ 5 7 1 1 5 0 0 0	

会计主管：　　　记账：　　　出纳：　　　复核：刘平山　　　制单：陈红

附件 1 张

业务 4

9月24日，从小规模纳税人购进甲材料一批，发票上注明的金额为 550 000 元，另发生运杂费 30 000 元，甲材料尚未到达（见表 5-66）。

表 5-66

记 账 凭 证

2016 年 9 月 24 日　　　　　记字第 24 号

摘要	科目		借方金额	贷方金额	记账
	总账科目	明细科目	亿千百十万千百十元角分	亿千百十万千百十元角分	✓
购进材料	物资采购	甲材料	5 8 0 0 0 0 0 0		
	应付账款			5 8 0 0 0 0 0 0	
	合 计		¥ 5 8 0 0 0 0 0 0	¥ 5 8 0 0 0 0 0 0	

会计主管：　　　记账：　　　出纳：　　　复核：刘平山　　　制单：陈红

附件 1 张

【要求】根据上述记账凭证，登记"物资采购"明细账（见表5-67）。

表 5-67

物资采购 明细账

编号_____ 页次_____ 总页_____
材料科目 甲材料
材料类别或名称_____

年		凭证编号	摘要	借方（实际成本）				贷方			
月	日			买价	运杂费	其他	合计	计划成本	成本差异	其他	合计
9	1		期初余额				57112500				

 **实训体会**

 **教师评价**

项目六

错账更正

项目导航

【学习目标】

1. 知识目标：掌握错账的类型，分析错误的原因。
2. 能力目标：根据错账类型，选择具体的错账更正方法，掌握操作过程及要领。
3. 情感目标：通过对各种错账类型的认识及原因分析，熟练掌握操作过程及要领，培养认真、仔细的职业素养。

【知识链接】

《会计基础工作规范》第六十二条　账簿记录发生错误，不准涂改、挖补、刮擦或者用药水消除字迹，不准重新抄写，必须按照下列方法进行更正：

一、登记账簿时发生错误，应当将错误的文字或者数字划红线注销，但必须使原有字迹仍可辨认；然后在划线上方填写正确的文字或者数字，并由记账人员在更正处盖章。对于错误的数字，应当全部划红线更正，不得只更正其中的错误数字。对于文字错误，可只划去错误的部分。

二、由于记账凭证错误而使账簿记录发生错误，应当按更正后的记账凭证登记账簿。

【主要内容】

1. 划线更正法适用的错账类型、操作要领及过程。
2. 红字更正法适用的错账类型、操作要领及过程。
3. 补充登记法适用的错账类型、操作要领及过程。

任务1 掌握划线更正法的操作要领及过程

知识准备

◆ 划线更正法

结账前发现账簿记录有文字或数字错误,而记账凭证没有错误,可以采用划线更正法。更正时,可在错误的文字或数字上划一条红线,在红线的上方填写正确的文字或数字,并由记账人员在更正处盖章,以明确责任。

具体要求

根据下面提供的资料分析错账类型及原因,并选择适合的更正方法。

实训范例

例6.1 划线更正法的应用

2016年11月10日,用库存现金购买办公用品,已登记入账(见表6-1)。

表6-1

户名:库存现金　　　　　　　　　　　总 分 类 账

2016年		凭证摘要	科目摘要	借方									贷方									借或贷	余额								
月	日			百	十	万	千	百	十	元	角	分	百	十	万	千	百	十	元	角	分		百	十	万	千	百	十	元	角	分
11	1		期初余额																			借				1	2	0	0	0	0
11	10	现付15#	用现金购买办工用品														6	9	0	0	0	借					2	4	0	0	0

已编制的凭证见表6-2。

表6-2

　　　　　　　　　　　　　　　　　付 账 凭 证　　　　　　　　　现付字第15号

贷方科目:库存现金　　　　　　　日期:2016年11月10日　　　　　　　附件 1 张

对方单位	摘要	借方科目		金额									记账符号
		总账科目	明细科目	千	百	十	万	千	百	十	元	角	分	
	购办公用品	管理费用						9	6	0	0	0		√
银行结算方式及票号:			合 计				¥	9	6	0	0	0		

会计主管:李　　　　　记账:王　　　　　稽核:赵　　　　　出纳:钱　　　　　制证:孙

苏州市商业企业发票

05 NO:00140716

甲

客户名称：苏州华盛有限责任公司　　2016年11月10日　　苏 地 税

货号	品名及规格	单位	数量	单价	金额 万千百十元角分
YJ008	办公用品	盒	20	48	9 6 0 0 0
	小 写 金 额 合 计				￥ 9 6 0 0 0

人民币(大写) ⊗万 ⊗仟玖佰陆拾零元零角零分
付款方式：　　　　　　　开户银行及账号：
开票单位(盖章)　　　　收款人：王晓　　　　开票人：张迪

【解析】

错误类型Ⅰ：凭证正确，账簿上的文字错或金额错。

适用方法：划线更正法。

操作步骤：① 在错误的文字或数字上划一条红线，在红线的上方填写正确的文字或数字。

② 由记账人员在更正处盖章，以明确责任。但应注意：更正时不得只划销个别数字，错误的数字必须全部划销，并保持原有数字清晰可辨，以便审查。

错误的更正方法(如表6-3)：

表6-3

户名：库存现金　　　　**总 分 类 账**

2016年		凭证摘要	科目摘要	借　方	贷　方	借或贷	余　额
月	日			百十万千百十元角分	百十万千百十元角分		百十万千百十元角分
11	1		期初余额			借	1 2 0 0 0 0
11	10	现付15#	公 用现金购买办王用品		9 6 6 9 0 0	借	2 4 0 0 0

正确的更正方法见表6-4。

表6-4

户名：库存现金　　　　**总 分 类 账**

2016年		凭证摘要	科目摘要	借　方	贷　方	借或贷	余　额
月	日			百十万千百十元角分	百十万千百十元角分		百十万千百十元角分
11	1		期初余额			借	1 2 0 0 0 0
11	10	现付15#	公 刘明松 用现金购买办王用品		9 6 0 0 0 6 9 0 0 0	借明松	2 4 0 0 0

错误类型Ⅱ：凭证正确，记错账簿或记错方向。
适用方法：划线更正法（见表6-5）。

表6-5

银行存款日记账登记

2016年		凭证		支票号数	对方科目	摘要	✓	收入（借方）金额									付出（贷方）金额									结余金额								
月	日	种类	号数					千	百	十	万	千	百	十	元	角	分	千	百	十	万	千	百	十	元	角	分	千	百	十	万	千	百	十	元	角	分
…	…	…	…	…	…						…										…										…						
10	30					本月合计				1	2	5	3	4	0	0				1	1	5	4	6	0	0			1	3	5	2	7	8	0	0	0
11	2	收	2		应收账款	收回货款					2	3	4	0	0	0	0												1	3	7	6	1	8	0	0	0
11	5	付	1		应付账款	用现金付加工款															1	2	3	2	5	0	0	0		1	2	5	2	9	3	0	0	0
11	7	付	2		其他货币资金	申请银行本票															1	0	0	0	0	0	0	0		1	1	5	2	9	3	0	0	0

操作步骤：将错误内容划红线注销，然后将正确的文字或数字重新记入应记的账簿或方向栏内，同时在注销处加盖记账人员印章。

实训操作

▶ 实训6-1 划线更正法的实际操作运用

某企业在月末结账时发现库存现金账簿中有一数字有如下现象（见表6-6和表6-7）：

表6-6

现金日记账

第　　号

2016年		凭证		摘要	借方									贷方									借或贷	余额									核对
月	日	种类	号数		亿	千	百	十	万	千	百	十	元	角	分	亿	千	百	十	万	千	百	十	元	角	分		亿	千	百	十	万	千	百	十	元	角	分	
5	8	现付	1	购买零星材料																		9	8	7	0	0													

项目六 错账更正

表 6-7

付 账 凭 证

现付字第 15 号

贷方科目：库存现金　　日期：2016 年 5 月 8 日　　附件　1　张

对方单位	摘要	借方科目		金额										记账符号
		总账科目	明细科目	千	百	十	万	千	百	十	元	角	分	
	购买零星材料	原材料							9	7	8	0	0	✓
银行结算方式及票号：			合　计					¥	9	7	8	0	0	

会计主管：李　　　记账：王　　　稽核：赵　　　出纳：钱　　　制证：孙

附件

江苏省（地税）通用发票　765784213151323

发　票　联

发票代码：2320 5057 0911　　发票号码：00005821
机打代码：　　　　　　　　　发票号码：20071200387
付款方代码：　　　　　　　　开票日期：2016.5.8
付款方名称：A 有限责任公司

行业	开票项目	金额	附注
工业企业	购买零星材料数量 20 吨，单价 48.9 元合计金额 978.00		
金额合计（大写）：人民币玖佰柒拾捌元整		（小写）：¥978.00	

机器编号：　　开票人：　　收款方代码：　　收款方（盖章有效）

注：本发票手写，或者代码与机打代码不一致，或者发票号码与机打号码不一致均无效。

第一联　发票联

【要求】　根据上述资料，分析错账的类型及原因，并进行更正。

实训体会

教师评价

任务2　掌握红字更正法的操作要领及过程

知识准备

◆ 红字更正法

结账前发现下列情况可采用红字更正法进行错账更正：
① 记账后发现记账凭证中的借、贷科目有错误，从而引起记账错误；
② 记账后发现记账凭证和账簿记录中借、贷会计科目无误，只是所记金额大于应记金额。

具体要求

根据下面提供的资料分析错账类型及原因，并选择适合的更正方法。

实训范例

例6.2　红字更正法的应用（一）

2016年11月11日，为生产产品而领用原材料一批，价值为16 200元，已登记入账（见表6-8，表6-9）。

项目六 错账更正

表 6-8

制造费用 明细账

2016年		凭证		科目摘要	费用项目				
					工资	折旧	劳保费	机物料消耗	其他	合计
月	日	种类	号数		百十万千百十元角分	百十万千百十元角分	百十万千百十元角分	百十万千百十元角分	百十万千百十元角分	百十万千百十元角分
11	11	转字	2	生产领用原材料				1 6 2 0 0 0 0		1 6 2 0 0 0 0

表 6-9

原材料 明细账

材料编号　　1
货物名称　　A材料　　　　　　　　　　计量单位　千克
规格　　　　　　　　　　　　　　　　单价

2016年		凭证		摘要	收入（借方）			发出（贷方）			结存（余额）		
					数量	单价	金额 千百十万千百十元角分	数量	单价	金额 千百十万千百十元角分	数量	单价	金额 千百十万千百十元角分
月	日	种类	号数										
11	1			期初余额							4 000	20.00	8 0 0 0 0 0 0
	11	转字	2	生产领用原材料				810	20.00	1 6 2 0 0 0 0	3 190	20.00	6 3 8 0 0 0 0

已编制的凭证见表6-10。

表6-10

转 账 凭 证

日期：2016年11月11日　　　　　　　　　　　　　　第　2　号

摘　　要	总账科目	明细科目	借方金额 亿千百十万千百十元角分	贷方金额 亿千百十万千百十元角分	记账
生产领用材料	制造费用	机物料消耗	￥１６２００００		✓
	原材料	A材料		￥１６２０００0	✓
附件1张	合　　　计		￥１６２００００	￥１６２００００	

财会主管：　　　　　　　复核：　　　　　　　记账：　　　　　　　制单：

附件

领　料　单

发货仓库：材料仓库　　　　　　　　　　　　　　　　　　第　1　号
提货单位：甲产品生产车间　　　　　　　　　　　　　　2016年11月11日

类别	编号	名　称　型　号	单位	应发数量	实发数量	单位成本	金　　额
	1	A材料	千克	810	810	20.00	16 200.00
		合　计					￥16 200.00

第三联　财务记账

【解析】

错误类型Ⅰ：记账凭证所用的会计科目或应借、应贷方向记录有误（原始凭证无错）并已据此登记入账，并导致记账错误。

适用方法：红字更正法。

操作步骤：① 首先用红字填写一张与原错误的记账凭证内容完全相同的记账凭证，在此凭证的"摘要"栏注明"冲销××月××日×字×号凭证"字样（见表6-11）。（红字冲销错误记账凭证）

表 6-11

转 账 凭 证

日期：2016 年 11 月 30 日　　　　　　　　　　　第 334 号

摘　要	总账科目	明细科目	借方金额 亿千百十万千百十元角分	贷方金额 亿千百十万千百十元角分	记账 ✓
冲销 11 月 11 日 转字 2 号凭证	制造费用	机物料消耗	1 6 2 0 0 0 0		
	原材料	A 材料		1 6 2 0 0 0 0	
附件×张	合　　计		¥1 6 2 0 0 0 0	¥1 6 2 0 0 0 0	

财会主管：　　　　　　复核：　　　　　　记账：　　　　　　制单：

② 据此红字凭证用红字登记入账，在账簿的"摘要"栏注明"冲销××月××日×字×号凭证"，将原有错误记录冲销（见表6-12 和表6-13）。（红字冲销账簿错误记录）

表 6-12

制造费用 明细账

2016年		凭证		科目摘要	费用项目					合计
月	日	种类	号数		工资	折旧	劳保费	机物料消耗	其他	
					百十万千百十元角分	百十万千百十元角分	百十万千百十元角分	百十万千百十元角分	百十万千百十元角分	百十万千百十元角分
11		转字	2	生产领用原材料				1 6 2 0 0 0 0		1 6 2 0 0 0 0
	...	...	...	...				...		...
	30	转字	334	冲销11月11日转字2号凭证				1 6 2 0 0 0 0		1 6 2 0 0 0 0

表 6-13

原材料 明细账

材料编号 __1__
货物名称 __A材料__
规格 _____
计量单位 __千克__
单价 _____

2016年		凭证		摘要	收入（借方）			发出（贷方）			结存（余额）		
月	日	种类	号数		数量	单价	金额 百十万千百十元角分	数量	单价	金额 百十万千百十元角分	数量	单价	金额 千百十万千百十元角分
11	1			期初余额							4 000	20.00	8 0 0 0 0 0 0
	11	转字	2	生产领用原材料				810	20.00	1 6 2 0 0 0 0	3 190	20.00	6 3 8 0 0 0 0
	...	...	...	...				...	...	...	...	...	...
	30	转字	335	冲销11月11日转字2号凭证				810	20.00	1 6 2 0 0 0 0	4 000	20.00	8 0 0 0 0 0 0

③ 然后用蓝字重新填写一张内容正确的记账凭证,在"摘要"栏注明"更正×月×日×字×号凭证"字样(见表6-14)。(蓝字编写正确记账凭证)

表6-14

转 账 凭 证

日期:2016年11月30日　　　　　　　　　　　　　　　　第 335 号

摘　要	总账科目	明细科目	借方金额 亿千百十万千百十元角分	贷方金额 亿千百十万千百十元角分	记账 ✓
更正11月11日转字2号凭证	生产成本	直接材料	1 6 2 0 0 0 0		
	原材料	A材料		1 6 2 0 0 0 0	
附件×张	合　计		¥1 6 2 0 0 0 0	¥1 6 2 0 0 0 0	

财会主管:林月　　　复核:　　　　　记账:　　　　　制单:

④ 据此记账凭证登记入账,在账簿的"凭证"栏写入该凭证的字、号,在"摘要"栏注明"更正×月×日×字×号凭证",将正确的内容记载入账簿(见表6-15和表6-16)。(蓝字登记账簿)

表 6-15

生产成本 明细账

2016年		凭证		科目摘要	费用项目																																				
					直接材料									直接人工									制造费用									合计									
月	日	种类	号数		百	十	万	千	百	十	元	角	分	百	十	万	千	百	十	元	角	分	百	十	万	千	百	十	元	角	分	百	十	万	千	百	十	元	角	分
11	1	…	…	月初在产品成本			5	1	0	0	0	0	0					7	8	0	0	0					5	2	0	0	0				6	4	0	0	0	0
	…	…	…	…					…									…									…									…				
	30	转字	335	更正11月11日转字2号凭证			1	6	2	0	0	0	0																					1	6	2	0	0	0	0

表 6-16

原材料 明细账

材料编号 ___1___   计量单位 __千克__
货物名称 __A材料__ 单价 _____
规格 _____

2016年		凭证		摘要	收入（借方）													发出（贷方）													结存（余额）											
					数量	单价	金额											数量	单价	金额											数量	单价	金额									
月	日	种类	号数				千	百	十	万	千	百	十	元	角	分				千	百	十	万	千	百	十	元	角	分				千	百	十	万	千	百	十	元	角	分
11	1			期初余额																										4 000	20.00				8	0	0	0	0	0	0
	11	转字	2	生产领用材料													810	20.00			1	6	2	0	0	0	0			3 190	20.00				6	3	8	0	0	0	0
	…	…	…	…														…						…						…	…								…		
	30	转字	334	冲销11月11日转字2号凭证													810	20.00			1	6	2	0	0	0	0			4 000	20.00				8	0	0	0	0	0	0
	30	转字	335	更正11月11日转字2号凭证													810	20.00			1	6	2	0	0	0	0			3 190	20.00				6	3	8	0	0	0	0

例6.3 红字更正法的应用(二)

2016年11月15日,生产车间为生产产品直接耗用材料一批,价值16 200元,已登记入账(见表6-17和表6-18)。

表6-17

生产成本 明细账

2016年		凭证		科目摘要	费用项目																														
					直接材料								直接人工								制造费用								合计						
月	日	种类	号数		百	十	万	千	百	十	元	角	分	百	十	万	千	百	十	元	角	分	百	十	万	千	百	十	元	角	分	百	十	万	千	百	十	元	角	分
11	1			月初在产品成本			5	1	0	0	0	0	0				7	8	0	0	0	0				5	2	0	0	0	0			6	4	0	0	0	0
…	…	…	…	…			…									…									…									…					
	15	转字	3	生产领用材料			1	6	2	0	0	0	0																					1	6	2	0	0	0	0

表6-18

原材料 明细账

材料编号 _____
货物名称 __A材料__
规格 _____
计量单位 __千克__
单价 _____

2016年		凭证		摘要	收入(借方)											发出(贷方)											结存(余额)									
					数量	单价	金额									数量	单价	金额									数量	单价	金额							
							千	百	十	万	千	百	十	元	角	分			千	百	十	万	千	百	十	元	角	分			千	百	十	万	千	百	十	元	角	分
月	日	种类	号数																																					
11	1			期初余额	4 000	200.00					8	0	0	0	0	0	0											4 000	200.00					8	0	0	0	0	0	0
…	…	…	…	…	…	…				…							810	200.00				1	6	2	0	0	0	0	3 190	200.00				6	3	8	0	0	0	0
	15	转字	3	生产领用材料																																				

已编制的记账凭证见表6-19。

表6-19

转 账 凭 证

日期：2016年11月15日　　　　　　　　　　第 3 号

摘　要	总账科目	明细科目	借方金额 亿千百十万千百十元角分	贷方金额 亿千百十万千百十元角分	记账
生产领用材料	生产成本	直接材料	１６２００００		✓
	原材料	A材料		１６２００００	✓
附件1张	合　　计		¥　　　１６２００００	¥　　　１６２００００	

财会主管：　　　　　复核：　　　　　记账：　　　　　制单：

附件

领　料　单

发货仓库：材料仓库　　　　　　　　　　　　第 3 号
提货单位：甲产品生产车间　　　　　　　　　2016年11月15日

类别	编号	名称型号	单位	应发数量	实发数量	单位成本	金　额	
	1	A材料	千克	810	810	20.00	16 200.00	第三联 财务记账
		合　计					¥16 200.00	

错误类型Ⅱ：记账凭证和账簿记录中应借、应贷会计科目无误，只是所记金额大于应记金额。

适用方法：红字更正法。

操作步骤：① 用红字编制一张与原记账凭证应借、应贷科目完全相同的记账凭证，并在"摘要"栏注明"冲销×月×日×字×号凭证多记金额"（见表6-20、表6-21和表6-22）。（红字冲销多记金额）

表 6-20

转 账 凭 证

日期：2016 年 11 月 30 日　　　　　　　　　　第 336 号

摘　要	总账科目	明细科目	借方金额 亿千百十万千百十元角分	贷方金额 亿千百十万千百十元角分	记账
冲销 11 月 15 日转字 3 号凭证多记金额	生产成本	直接材料	1 4 5 8 0 0 0 0		✓
	原材料	A 材料		1 4 5 8 0 0 0 0	✓
附件×张	合　　计		¥1 4 5 8 0 0 0 0	¥1 4 5 8 0 0 0 0	

财会主管：　　　　　复核：　　　　　记账：　　　　　制单：

② 据此红字凭证字登记入账，在账簿的"摘要"栏注明"冲销×月×日账上多记金额"，将原记录中多记的金额冲销。（据此登记到相应账簿上）

表 6-21

原材料 明细账

材料编号 ___1___　　货物名称 ___A材料___　　规格 _____　　计量单位 ___千克___　　单价 _____

2016年		凭证		摘要	收入(借方)			发出(贷方)			结存(余额)		
月	日	种类	号数		数量	单价	金额	数量	单价	金额	数量	单价	金额
11	1			期初余额							4 000	200.00	800 000.00
	15	转字	2	生产领用原材料				810	200.00	162 000.00	3 190	200.00	638 000.00
	...	...	...	...				...	...	...	...	...	...
	30	转字	336	冲销11月15日转字3号凭证多记金额				729	200.00	145 800.00	3 919	200.00	783 800.00

表 6-22

生产成本 明细账

2016年		凭证		科目摘要	费用项目			
					直接材料	直接人工	制造费用	合计
月	日	种类	号数					
11	1			月初在产品成本	510 000.00	78 000.00	52 000.00	640 000.00
	...	...	...	...	...	...	...	...
	2	转字	15	生产领用材料	162 000.00			162 000.00
	...	...	...	...	...			...
	3	转字	3	冲销11月15日转字3号凭证多记金额	145 800.00			145 800.00

实训操作

▶ 实训6-2　红字更正法的实际操作与运用

在月末结账时发现银行存款日记账簿中有一数字有如下的现象(见表6-23)：

表6-23

银行存款日记账

第　　页

年		凭证		摘要	借方											贷方											借或贷	余额											核对
月	日	种类	号数		亿	千	百	十	万	千	百	十	元	角	分	亿	千	百	十	万	千	百	十	元	角	分		亿	千	百	十	万	千	百	十	元	角	分	
5	10	银收	1	收到前欠款					5	0	0	0	0	0																									

已编制的凭证见表6-24。

表6-24

收 款 凭 证

银收字　1　号

借方科目：银行存款　　　　2016年5月8日　　　　附件第　3　张

对方单位	摘要	贷方科目		金额							记账符号
		总账科目	明细科目	十万	千	百	十	元	角	分	
B公司	收到前欠货款	应付账款	A公司		5	0	0	0	0	0	
银行结算方式及票号			合　计	¥	5	0	0	0	0	0	

会计主管　　　　　记账　　　　　稽核　　　　　出纳　　　　　制证

附件

中国工商银行　进账单（收账通知）　3

2016年5月8日　第5号

出票人	全称	A有限责任公司			收款人	全称	苏州东吴有限责任公司		
	账号	1102020409000413543				账号	369-539501040008434		
	开户银行	中国工商银行苏州××支行		行号			开户银行	工行吴中支行	行号

人民币（大写）	伍万元整	千	佰	十	万	千	佰	十	元	角	分
					¥	5	0	0	0	0	0

票据种类	转支 20587897458
票据张数	1

中国工商银行
吴中支行
2016.5.08
转讫

单位主管　会计　复核　记账　　出票人开户行盖章

此联收款人开户银行交给收款人的收账通知

【要求】 根据上述资料，分析错账的类型及原因，并进行更正。

实训体会

教师评价

任务3 掌握补充登记法的操作要领及过程

知识准备

◆ 补充登记法

又称补充更正法。记账后发现记账凭证和账簿记录中应借、应贷会计科目无误,只是所记金额小于应记金额。更正的方法是:按少记的金额用蓝字编制一张与原记账凭证应借、应贷科目完全相同的记账凭证,以补充少记的金额,并据以记账。

具体要求

根据下面提供的资料分析错账类型及原因,并选择适合的更正方法。

实训范例

例 6.4 补充登记法的应用

2016年11月20日,生产车间为生产产品直接耗用材料一批,价值16 200元,已登记入账,见表6-25和表6-26。

表 6-25

生产成本 明细账

2016年		凭证		科目摘要	费用项目			合计
月	日	种类	号数		直接材料	直接人工	制造费用	
11	1			月初在产品成本	51000.00	7800.00	5200.00	64000.00
…	…							
	20	转字	6	生产领用材料	16200.00			16200.00

表 6-26

原材料 明细账

材料编号　1
货物名称　A材料
规格　　　
计量单位　千克
单价　　　

2016年		凭证		摘要	收入（借方）			发出（贷方）			结存（余额）		
月	日	种类	号数		数量	单价	金额	数量	单价	金额	数量	单价	金额
11	1			期初余额							4 000	20.00	80000.00
…	…												
	20	转字	6	生产领用原材料				810	20.00	16200.00	3 190	20.00	63800.00

项目六　错账更正

已编制的凭证见表6-27。

表 6-27

转 账 凭 证

日期：2016年11月20日　　　　　　　　　　　　　　　第 6 号

摘　　要	总账科目	明细科目	借方金额 亿千百十万千百十元角分	贷方金额 亿千百十万千百十元角分	记账 √
生产领用材料	生产成本	直接材料	1 6 2 0 0 0		√
	原材料	A材料		1 6 2 0 0 0	√
附件1张	合　　计		¥ 1 6 2 0 0 0	¥ 1 6 2 0 0 0	

财会主管：　　　　　　　复核：　　　　　　　记账：　　　　　　　制单：

附件

领 料 单

发货仓库：材料仓库　　　　　　　　　　　　　　　　　第 3 号
提货单位：甲产品生产车间　　　　　　　　　　　　　2016年11月15日

类别	编号	名称型号	单位	应发数量	实发数量	单位成本	金　额	
	1	A材料	千克	810	810	20.00	16 200.00	第三联　财务记账
		合　计					¥ 16 200.00	

【解析】

错误类型：记账后发现记账凭证和账簿记录中应借、应贷会计科目无误，只是所记金额小于应记金额。

适用方法：补充登记法。

操作步骤：①按少记的金额用蓝字编制一张与原记账凭证应借、应贷科目完全相同的记账凭证，以补充少记的金额(见表6-28)。(蓝字补充少记金额)

表 6-28

转 账 凭 证

日期：2016 年 11 月 30 日　　　　　　　　　　　第 350 号

摘要	总账科目	明细科目	借方金额 亿千百十万千百十元角分	贷方金额 亿千百十万千百十元角分	记账
补充11月20日转字6号凭证少记金额	生产成本	直接材料	1 4 5 8 0 0 0		✓
	原材料	A 材料		1 4 5 8 0 0 0	✓
附件×张	合　　计		¥1 4 5 8 0 0 0	¥1 4 5 8 0 0 0	

财会主管：　　　　　　复核：　　　　　　记账：　　　　　　制单：

② 根据编制的蓝字凭证登记相关账簿（见表 6-29 和表 6-30）。（据蓝字凭证在账簿上补充少记金额）

表 6-29

生产成本 明细账

2016年		凭证		科目摘要	费用项目																										
					直接材料								直接人工								制造费用								合计			
月	日	种类	号数		百	十	万	千	百	十	元	角	分	百	十	万	千	百	十	元	角	分	百	十	万	千	百	十	元	角	分	百	十	万	千	百	十	元	角	分
11	1			月初在产品成本			5	1	0	0	0	0	0				7	8	0	0	0	0				5	2	0	0	0	0			6	4	0	0	0	0
…	…	…	…	…			…									…									…									…					
20	20	转字	2	生产领用材料			1	6	2	0	0	0																					1	6	2	0	0	0
…	…	…	…	…			…									…									…									…					
30	30	转字	336	补充11月20日转字6号凭证少记金额			1	4	5	8	0	0	0																					1	4	5	8	0	0

表 6-30

原材料 明细账

材料编号 ___1___   计量单位 __千克__
货物名称 __A材料__   单价 _____
规格 _____

2016年		凭证		摘要	收入（借方）						发出（贷方）						结存（余额）						
					数量	单价	金额				数量	单价	金额				数量	单价	金额				
							千	百	十	万千百十元角分			千百十万千百十元角分						千百十万千百十元角分				
月	日	种类	号数																				
11	1			期初余额	4 000	20.00				8 0 0 0 0 0 0							4 000	20.00				8 0 0 0 0 0 0	
…	…	…	…	…						…						…						…	
20	20	转字	6	生产领用材料							810	20.00			1 6 2 0 0 0 0		3 919	20.00				6 3 8 0 0 0 0	
…	…	…	…	…						…						…						…	
	3	转字	3	补充11月20日转字6号凭证少记金额							729	20.00			1 4 5 8 0 0 0		3 910	20.00				6 3 8 0 0 0 0	

实训操作

▶ 实训6-3　补充登记法的实际操作与运用

在月末结账时发现银行存款日记账簿中有一数字有如下的现象（见表6-31）：

表6-31

银行存款日记账

第　　页

2016年		凭证		摘　要	借　方											贷　方											借或贷	余　额											核对
月	日	种类	号数		亿	千	百	十	万	千	百	十	元	角	分	亿	千	百	十	万	千	百	十	元	角	分		亿	千	百	十	万	千	百	十	元	角	分	
5	20	银付	1	提现备发工资																	2	8	0	0	0	0	0													

已编制的凭证（见表6-32）。

表6-32

付　款　凭　证

银付字　1　号
附件　1　张

贷方科目：银行存款　　　　2016年5月20日

对方单位	摘　要	借方科目		金　额							记账符号
		总账科目	明细科目	十	万	千	百	十	元	角	分	
	提现备用	库存现象			2	8	0	0	0	0	0	
银行结算方式及票号				¥	2	8	0	0	0	0	0	

会计主管　　　　　记账　　　　　稽核　　　　　出纳　　　　　制证

附件

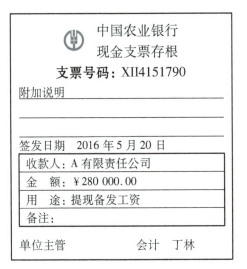

【要求】 根据上述资料,分析错账的类型及原因,并进行更正。

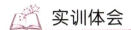

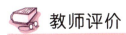

项目七

主要经济业务的核算

项目导航

【学习目标】
1. 知识目标：熟悉企业发生的日常业务，掌握正确的账务处理方法。
2. 能力目标：正确解读原始凭证，熟练编制记账凭证，理论知识与实际操作相结合。
3. 情感目标：养成严谨务实的学习习惯，树立认真踏实的职业意识。

【知识链接】
2016年江苏省会计从业资格考试辅导书《会计基础》第十章 主要经济业务事项账务处理。

【主要内容】
1. 审核原始凭证。
2. 编制记账凭证。
3. 编制试算平衡表。
4. 编制财务会计报表。

任务1 资金筹集的核算

知识准备

- 资金筹集的概念。
- 资金来源的渠道。
- "实收资本"、"长期借款"、"短期借款"、"固定资产"等账户的性质、用途及结构。

具体要求

◆ 会审核原始凭证。
◆ 根据审核的原始凭证编制记账凭证。
◆ 复习、知悉筹资相关理论知识。

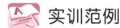

（略）

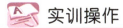

会计主体资料：

◆ 名称：苏州市黄河工厂
◆ 性质：有限责任公司（增值税一般纳税人）
◆ 人民币基本户：工商银行二七区支行　账号：83852658

业务1

向银行贷款 30 万元用于生产经营，货款期限为 3 年（见表 7-1）。

表 7-1

借款借据（收账通知）

2016 年 12 月 2 日　　　　　　　　　　　　　　借款编号：06

贷款单位名称	黄河工厂	贷款单位账号	83852658							
贷款金额	人民币（大写）：叁拾万元整			百	十万	千	百	十	元	角	分
				¥ 3	0	0	0	0	0	0	0
贷款用途	生产经营
贷款期限	期限 36 个月，于 2013 年 12 月 2 日到期

上列贷款已批准发放，转入你单位存款账户。
此致
　　　借款单位
（银行签章）

单位分录：
（借）
（贷）
主管　　会计　　复核　　记账
2016 年 12 月 2 日

业务 2

接受宏达公司投资现金 25 万元(见表 7-2 和表 7-3)。

表 7-2

接受投资收据

2016 年 12 月 2 日　　　　　　　　　　　　　　　　　　　　　　　第 3 号

投资单位:宏达公司			投资日期:2016 年 12 月 2 日	
投资项目(名称)	原 值	评估价值	投资期限	备注
货币资金		250 000.00	10 年	
投资金额合计人民币(大写):贰拾伍万元整				¥ 250 000.00

接受单位:黄河工厂　　　　负责人:　　　　　　　制单:周红

表 7-3

中国工商银行进账单（收账通知）

2016 年 12 月 2 日　　　　　　　　　　　　　　　　　　　　　　　第 41 号

付款人	全　称	宏达公司	收款人	全　称	黄河工厂
	账　号	62212738		账　号	83852658
	汇出地点	吴江市城市银行		汇入地点	工商银行二七区支行

人民币(大写):贰拾伍万元整		佰	十万	万	仟	佰	十	元	角	分
		¥	2	5	0	0	0	0	0	0
票据种类	转账支票									
票据张数	1									
单位主管　　复核　　会计		收款人开户行盖章								

（工商银行二七区支行 松陵分理处 2016.12.02 转讫）

业务 3

购买固定资产,价值 6 万元(见表 7-4—表 7-7)。

表 7-4

固定资产交接单

购买单位:黄河工厂　2016 年 12 月 5 日　　　　　　　　　　　第 9 号

固定资产名称	规格	计量单位	数量	单价	原始价值	重估价值	已提折旧
电动机床		台	1	60 000.00	60 000.00	60 000.00	
合计人民币(大写):陆万元整					¥ 60 000.00		
备　注:							

销售单位:大华工厂　　　　　　　　　　　　　　制单:张冰

项目七　主要经济业务的核算

表 7-5

```
中国工商银行
转账支票存根
支票号码：2265871
科目：
对方科目：
签发日期  2016 年 12 月 5 日
收款人：大华工厂
金　额：￥70 200.00
用　途：购买固定资产
备注：
复核　　会计　　记账
```

表 7-6

江苏增值税专用发票

抵 扣 联

No.0018659

开票日期：2016 年 12 月 15 日

购货单位	名　　称：苏州市黄河工厂 纳税人识别号：3204512265786 地　址、电　话：吴江市松陵花岗村 16 组 开户行及账号：工商银行二七区支行 　　　　　　　83852658	密码区	略

货物或应税劳务名称	规格型号	单位	数量	单价	金额	税率	税额
电动机床		台	1.00		60 000.00	17%	10 200.00
合计					￥60 000.00		￥10 200.00

价税合计	人民币（大写）⊗柒万零贰佰元整	小写：70 200.00

销货单位	名　　称：苏州市大华制造厂 纳税人识别号：320582736522945 地　址、电　话：苏州市沧浪区人民南路 28 号 开户行及账号：工商银行金水支行 90289431	备注	苏州市大华制造厂 320582736522945 发票专用章

收款人：　　　　复核：　　　　开票人：吴江　　　　销货单位:（章）

第二联　抵扣联　购货方扣税凭证

表 7-7

江苏增值税专用发票
发票联

No.0018659

开票日期：2016 年 12 月 15 日

购货单位	名　　　　称：苏州市黄河工厂 纳税人识别号：3204512265786 地　址、电　话：吴江市松陵花岗村 16 组 开户行及账号：工商银行二七区支行 　　　　　　　83852658	密码区	略

货物或应税劳务名称	规格型号	单位	数量	单价	金额	税率	税额
电动机床		台	1.00	60 000.00	60 000.00	17%	10 200.00
合计					￥60 000.00		￥10 200.00
价税合计	人民币（大写）⊗柒万零贰佰元整					小写：70 200.00	

销货单位	名　　　　称：苏州市大华制造厂 纳税人识别号：320582736522945 地　址、电　话：苏州市沧浪区人民南路 28 号 开户行及账号：工商银行金水支行 90289431	备注	

收款人：　　　　复核：　　　　开票人：吴江　　　　销货单位：(章)

业务 4

归还工商银行短期借款 12 万元（见表 7-8）。

表 7-8

【要求】准备空白记账凭证 4 张，根据上述原始凭证编制记账凭证。

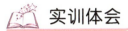 实训体会

 教师评价

任务 2　供应过程的核算

知识准备

◆ 供应过程的概念。
◆ 采购成本的内容与计算。
◆ "原材料"、"在途物资"、"应交税费—应交增值税"、"应付账款"、"应付票据"及"预付账款"等账户的性质、结构、用途及明细账的设置。

具体要求

◆ 复习采购过程相关理论知识。
◆ 会审核原始凭证。
◆ 根据审核的原始凭证编制记账凭证。

实训范例

（略）

实训操作

会计主体资料同本项目任务1实训操作。

向益盛公司购买原材料甲4 000千克，共计80 000元（见表7-9、表7-10和表7-11）。

项目七 主要经济业务的核算

表7-9

江苏增值税专用发票
抵 扣 联

No.0025142

开票日期：2016年12月6日

购货单位	名　　　称：苏州市黄河工厂 纳税人识别号：3204512265786 地　址、电　话：吴江市松陵花岗村16组 开户行及账号：工商银行二七区支行 　　　　　　　83852658	密码区	略

货物或应税劳务名称	规格型号	单位	数　量	单价	金　额	税率	税　额
甲材料		千克	4 000.00	20.00	80 000.00	17%	13 600.00
合计					￥80 000.00		￥13 600.00

价税合计	人民币（大写）⊗玖万叁仟陆佰元整　　　　　　　小写：93 600.00

销货单位	名　　　称：苏州市益盛有限公司 纳税人识别号：250456215421205 地　址、电　话：苏州市沧浪区闾胥502号 开户行及账号：工商银行金水支行 90289431	备注	（苏州市益盛有限公司发票专用章）

收款人：　　　　复核：　　　　开票人：江林　　　销货单位:（章）

第二联　抵扣联　购货方扣税凭证

表7-10

江苏增值税专用发票
发 票 联

No.0025142

开票日期：2016年12月6日

购货单位	名　　　称：苏州市黄河工厂 纳税人识别号：3204512265786 地　址、电　话：吴江市松陵花岗村16组 开户行及账号：工商银行二七区支行 　　　　　　　83852658	密码区	略

货物或应税劳务名称	规格型号	单位	数　量	单价	金　额	税率	税　额
甲材料		千克	4 000.00	20.00	80 000.00	17%	13 600.00
合计					￥80 000.00		￥13 600.00

价税合计	人民币（大写）⊗玖万叁仟陆佰元整　　　　　　　小写：93 600.00

销货单位	名　　　称：苏州市益盛有限公司 纳税人识别号：250456215421205 地　址、电　话：苏州市沧浪区闾胥502号 开户行及账号：工商银行金水支行 90289431	备注	（苏州市益盛有限公司发票专用章）

收款人：　　　　复核：　　　　开票人：江林　　　销货单位:（章）

第三联　发票联　购货方记账凭证

表 7-11

收 料 单

供货单位：益盛公司　　　　　　　　　　　　　　　　材料类别：原材料
发票号码：0028637　　　　　2016 年 12 月 6 日　　　　材料仓库：3

材料编号	材料名称（规格）	单位	数量		实际成本			金　额								
			应收	实收	单价	发票价格	运杂费	百	十万	千	百	十	元	角	分
	甲材料	千克	4 000	4 000	20.00	80 000		¥	8	0	0	0	0	0	0
	合计							¥	8	0	0	0	0	0	0
备注：							附单据 1 张								

核算：陆晓　　　　　主管：蔡群　　　　　保管：刘敏　　　　　检验：李丽

业务 2

向永兴公司购买原材料（见表 7-12—7-16）。

表 7-12

中国工商银行
转账支票存根

支票号码： 2265873

科目：
对方科目：
签发日期　2016 年 12 月 9 日

| 收款人：永兴公司 |
| 金　额：¥82 455.00 |
| 用　途：购材料 |
| 备注： |

复核　　　　会计　　　　记账

项目七 主要经济业务的核算

表 7-13

收 料 单

供货单位：永兴公司　　　　　　　　　　　　　　　　　　　材料类别：原材料
发票号码：　　　　　　　　　2016 年 12 月 9 日　　　　　　材料仓库：3

材料编号	材料名称（规格）	计量单位	数量		实际成本			金额								
			应收	实收	单价	价格	运杂费		百	十万	千	百	十	元	角	分
	甲材料	千克	2 000	2 000	20	40 000	200	¥		4	0	2	0	0	0	0
	乙材料	千克	3 000	3 000	10	30 000	300	¥		3	0	3	0	0	0	0
	合计							¥		7	0	5	0	0	0	0

备注：　　　　　　　　　　　　　　　　　　　　　　　　　附单据 1 张

核算：鲁晓　　　　主管：蔡群　　　　保管：刘敏　　　　检验：李丽

表 7-14

江苏增值税专用发票
抵 扣 联

No.0038426

开票日期：2016 年 12 月 9 日

购货单位	名　　　称：苏州市黄河工厂 纳税人识别号：3204512265786 地　址、电　话：吴江市松陵花岗村 16 组 开户行及账号：工商银行二七区支行 　　　　　　　83852658	密码区	略

货物或应税劳务名称	规格型号	单位	数　量	单价	金　额	税率	税　额
甲材料		千克	2 000.00	20.00	40 000.00	17%	6 800.00
乙材料		千克	3 000.00	10.00	30 000.00	17%	5 100.00
合计					¥70 000.00		¥11 900.00

价税合计	人民币（大写）⊗捌万壹仟玖佰元整　　　　　小写：¥81 900.00

销货单位	名　　　称：苏州市永兴有限责任公司 纳税人识别号：350412000789545 地　址、电　话：苏州市吴中区中兴大道 425 号 开户行及账号：工商银行吴中支行 1002457896	备注	（苏州市永兴有限责任公司 350412000789545 发票专用章）

收款人：　　　　　复核：　　　　　开票人：吴华　　　　　销货单位：(章)

第二联 抵扣联 购货方扣税凭证

表 7-15

江苏增值税专用发票
发 票 联

No.0038426

开票日期：2016 年 12 月 9 日

购货单位	名称：苏州市黄河工厂 纳税人识别号：3204512265786 地址、电话：吴江市松陵花岗村 16 组 开户行及账号：工商银行二七区支行 83852658	密码区	略		
货物或应税劳务名称	规格型号	单位	数量	单价	金 额	税率	税 额
甲材料		千克	2 000.00	20.00	40 000.00	17%	6 800.00
乙材料		千克	3 000.00	10.00	30 000.00	17%	5 100.00
合计					¥70 000.00		¥11 900.00
价税合计	人民币（大写）⊗ 捌万壹仟玖佰元整			小写：¥81 900.00		
销货单位	名称：苏州市永兴有限责任公司 纳税人识别号：350412000789545 地址、电话：苏州市吴中区中兴大道 425 号 开户行及账号：工商银行吴中支行 1002457896	备注	（苏州市永兴有限责任公司 350412000789545 发票专用章）		

收款人：　　　复核：　　　开票人：吴华　　　销货单位：（章）

业务 3

向向阳公司购买原材料（见表 7-16—7-20）。

表 7-16

江苏增值税专用发票
发 票 联

3200092270

NO 06736814

开票日期：2016 年 12 月 9 日

购货单位	名称：苏州市黄河工厂 纳税人识别号：3204512265786 地址、电话：吴江区松陵花岗村 16 组 开户行及账号：工商银行二十七区支行 838536581	密码区	略		
货物或应税劳务名称	规格型号	单位	数量	单价	金 额	税率	税 额
运输费			1.00	500.00	500.00	11%	55.00
合计					¥500.00		¥55.00
价税合计	人民币（大写）⊗ 伍佰伍拾伍元整			（小写）¥555.00		
销货单位	名称：苏州顺通物流有限公司 纳税人识别号：320582736522945 地址、电话：吴江区人民西路 120 号 开户行及账号：农行东吴支行 20907908094510	备注	（苏州顺通物流有限公司 财务专用章）		

收款人：　　　复核：　　　开票人：张玮　　　销货单位：（章）

项目七 主要经济业务的核算

江苏增值税专用发票 抵扣联

3200092270　　　　　　　　　　　　　　　　　NO 06736814
开票日期：2016 年 12 月 9 日

购货单位	名　　称：苏州市黄河工厂 纳税人识别号：3204512265786 地址、电话：吴江区松陵花岗村 16 组 开户行及账号：工商银行二十七区支行 838536581						
密码区	略							

货物或应税劳务名称	规格型号	单位	数量	单价	金额	税率	税额
运输费			1.00	500.00	500.00	11%	55.00
合计					￥500.00		￥55.00
价税合计	人民币（大写）⊗　伍佳伍拾伍元整　（小写）¥555.00						

销货单位	名　　称：苏州顺通物流有限公司 纳税人识别号：320582736522945 地址、电话：吴江区人民西路 120 号 开户行及账号：农行东吴支行 20907908094510
备注	

收款人：　　　复核：　　　开票人：张玮　　　销货单位：（章）

表 7-17

江苏增值税专用发票 发票联

No.00234126
开票日期：2016 年 12 月 10 日

购货单位	名　　称：苏州市黄河工厂 纳税人识别号：3204512265786 地址、电话：吴江市松陵花岗村 16 组 开户行及账号：工商银行二七区支行 83852658
密码区	略

货物或应税劳务名称	规格型号	单位	数量	单价	金额	税率	税额
乙材料		千克	8 000.00	10.00	80 000.00	17%	13 600.00
丙材料		件	500.00	210.00	105 000.00	17%	17 850.00
合计					￥185 000.00		￥31 450.00
价税合计	人民币（大写）⊗ 贰拾壹万陆仟肆佰伍拾元整　　小写：216 450.00						

销货单位	名　　称：苏州市向阳有限责任公司 纳税人识别号：135402100382125 地址、电话：苏州市平江区迎春路 564 号 开户行及账号：工商银行平江支行 1004568972
备注	

收款人：　　　复核：　　　开票人：方明　　　销货单位：（章）

表 7-18

江苏增值税专用发票
抵 扣 联

No.00234126

开票日期：2016 年 12 月 10 日

购货单位	名　　　称：苏州市黄河工厂 纳税人识别号：3204512265786 地　址、电　话：吴江市松陵花岗村 16 组 开户行及账号：工商银行二七区支行 　　　　　　　83852658	密码区	略

货物或应税劳务名称	规格型号	单位	数　量	单价	金　额	税率	税　额
乙材料		千克	8 000.00	10.00	80 000.00	17%	13 600.00
丙材料		件	500.00	210.00	105 000.00	17%	17 850.00
合计					¥ 185 000.00		¥ 31 450.00

价税合计	人民币（大写）⊗ 贰拾壹万陆仟肆佰伍拾元整　　小写：¥ 216 450.00

销货单位	名　　　称：苏州市向阳有限责任公司 纳税人识别号：135402100382125 地　址、电　话：苏州市平江区迎春路 564 号 开户行及账号：工商银行平江支行 1004568972	备注	（苏州市向阳有限责任公司 135402100382125 发票专用章）

收款人：　　　　复核：　　　　开票人：方明　　　销货单位：（章）

第二联　抵扣联　购货方扣税凭证

表 7-19

收　料　单

供货单位：向阳公司　　　　　　　　　　　　　　　　材料类别：原材料
发票号码：0066688　　　　　2016 年 12 月 10 日　　　材料仓库：3

材料编号	材料名称（规格）	单位	数量		单价	实际成本		金额							
			应收	实收		发票价格	运杂费	百	十	万	千	百	十	元	角	分
	乙材料	千克	8 000	8 000	10.00	80 000.00				8	0	0	0	0	0	0
	丙材料	件	500	500	210.00	105 000.00			1	0	5	0	0	0	0	0
	合计								1	8	5	0	0	0	0	0

备注：　　　　　　　　　　　　　　　　　　　　　　附单据 1 张

核算：陆晓　　　主管：蔡群　　　保管：刘敏　　　检验：李丽

表 7-20

工商银行商业承兑汇票

汇票号码 SC3631
第 065 号

出票日期　贰零壹陆年壹拾贰月零壹拾日

收款人	全　称	向阳公司			付款人	全　称	黄河工厂		
	账　号	83869186				账　号	83852658		
	开户银行	工商银行二七区支行	行号			开户银行	工商银行二七区支行	行号	

汇票金额	人民币（大写）：贰拾壹万陆仟肆佰伍拾元整	千	百	十	万	千	百	十	元	角	分
			¥	2	1	6	4	5	0	0	0

汇票到期日	2017 年 3 月 20 日	交易合同号码	

本汇票已经本单位承兑，到期日无条件支付票款。　　　　　此致 　收款人　付款人盖章 负责：　　　经办　　　年　月　日	汇票签发人盖章 　　　　　　2016.12.10　　张 三 负责：　　　经办

【要求】准备空白记账凭证 3 张，根据上述原始凭证编制记账凭证。

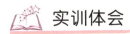

实训体会

教师评价

任务 3　生产过程的核算

 知识准备

◆ 生产成本与费用的区别。
◆ 生产成本的计算。
◆ "生产成本"、"制造费用"、"管理费用"、"应付职工薪酬"、"累计折旧""财务费用"、"应付利息"、"其他应收款"等账户的性质、用途及结构。

 具体要求

◆ 根据业务内容,将空白的原始凭证补充填列完整。
◆ 复习生产过程核算的相关理论知识。
◆ 根据提供的原始凭证,填制相关的记账凭证。

 实训范例

（略）

 实训操作

会计主体资料同本项目任务 1 实训操作。

业务 1

提现,发放工资（见表 7-21 和表 7-22）。

表 7-21

```
         中国工商银行
         现金支票存根
      支票号码：1226587
    科目：
    对方科目：
    签发日期  2016 年 12 月 10 日
    收款人：黄河工厂
    金　额：¥49 200.00
    用　途：提现备发工资
    备注：
    复核      会计      记账
```

表 7-22

工 资 明 细 表

2016 年 12 月 10 日

产品部门	计时工资	计件工资	工资性津贴	资金	应扣工资 事假	应扣工资 病假	应付工资
A 产品生产人员	14 870.00		1 490.00	1 420.00	30.00	50.00	17 700.00
B 产品生产人员	12 590.00	5 420.00	1 450.00	1 150.00	40.00	270.00	20 300.00
车间管理人员	4 800.00		160.00	620.00	60.00	20.00	5 500.00
行政管理人员	4 700.00		310.00	730.00	40.00		5 700.00
合　计	36 960.00	5 420.00	3 410.00	3 920.00	170.00	340.00	49 200.00

(现金付讫)

业务 2

生产车间领用甲、乙、丙材料用于生产(见表 7-23、表 7-24 和表 7-25)。

表 7-23

领　料　单

领料单位：生产车间　　　2016 年 12 月 11 日　　　2 号仓库　　　编号：053

用途	生产 A 产品			产品批量			订单号		
材料类别	材料编号	材料名称	规格	计量单位	数量 请领	数量 实发	单价	金额	
		甲材料		千克	4 000	4 000	20.00	80 000	二财务存根
		乙材料		千克	22 000	22 000	10.00	220 000	
合　计				叁拾万元整				300 000	
备　注									

核算：陆晓　　　主管：蔡群　　　保管：刘敏　　　领料：向强

表 7-24

领　料　单

领料单位：生产车间　　　2016 年 12 月 11 日　　　2 号仓库　　　编号：054

用途	生产 B 产品			产品批量			订单号		
材料类别	材料编号	材料名称	规格	计量单位	数量 请领	数量 实发	单价	金额	
		甲材料		千克	800	800	20.00	16 000	二财务存根
		丙材料		件	600	600	210.00	126 000	
合　计				叁拾肆万贰仟元整				142 000	
备　注									

核算：陆晓　　　主管：蔡群　　　保管：刘敏　　　领料：向强

表 7-25

领 料 单

领料单位：生产车间　　　　2016 年 12 月 11 日　　　2 号仓库　　　　编号：055

材料类别	材料编号	材料名称	规　格	计量单位	数量 请领	数量 实发	单价	金额
		丙材料		件	300	300	210.00	63 000
合　计			陆万叁仟元整					63 000
备　注								

核算：陆晓　　　　主管：蔡群　　　　保管：刘敏　　　　领料：向强

（二 财务存根）

业务 3

支付市机电维修公司车间设备维修费 2 340 元（见表 7-26）。

表 7-26

中国工商银行
转账支票存根
支票号码：2265876

科目：
对方科目：
签发日期　2016 年 12 月 10 日

| 收款人：市机电维修公司 |
| 金　额：￥2 340.00 |
| 用　途：支付车间设备维修费 |
| 备　注： |

复核　　会计　　记账

业务 4

向张小六修理公司购进材料一批，当天全部领用于修理（见表 7-27 和表 7-28）。

项目七　主要经济业务的核算

表 7-27

江苏增值税专用发票
发票联

No.0042808
开票日期：2016 年 12 月 12 日

购货单位	名　　称：苏州市黄河工厂 纳税人识别号：3204512265786 地　址、电　话：吴江市松陵花岗村 16 组 开户行及账号：工商银行二七区支行 83852658	密码区	略

货物或应税劳务名称	规格型号	单位	数　量	单价	金　额	税率	税　额
乙材料		千克	8 000.00	10.00	80 000.00	17%	13 600.00
丙材料		千克	500.00	210.00	105 000.00	17%	17 850.00
合计					¥ 185 000.00		¥ 31 450.00

价税合计	人民币（大写）⊗ 贰拾壹万陆仟肆佰伍拾元整　　小写：¥ 216 450.00

销货单位	名　　称：张小六修理公司 纳税人识别号：3205032828507 地　址、电　话：苏州市吴江市幸福 256 号 开户行及账号：工商银行中山支行 1007854024	备注	

收款人：　　　　复核：　　　　开票人：李达　　　　销货单位：（章）

第三联　发票联　购货方记账凭证

表 7-28

江苏增值税专用发票
抵扣联

No.0042808
开票日期：2016 年 12 月 12 日

购货单位	名　　称：苏州市黄河工厂 纳税人识别号：3204512265786 地　址、电　话：吴江市松陵花岗村 16 组 开户行及账号：工商银行二七区支行 83852658	密码区	略

货物或应税劳务名称	规格型号	单位	数　量	单价	金　额	税率	税　额
乙材料		千克	8 000.00	10.00	80 000.00	17%	13 600.00
丙材料		千克	500.00	210.00	105 000.00	17%	17 850.00
合计					¥ 185 000.00		¥ 31 450.00

价税合计	人民币（大写）⊗ 贰拾壹万陆仟肆佰伍拾元整　　小写：¥ 216 450.00

销货单位	名　　称：张小六修理公司 纳税人识别号：3205032828507 地　址、电　话：苏州市吴江市幸福 256 号 开户行及账号：工商银行中山支行 1007854024	备注	

收款人：　　　　复核：　　　　开票人：李达　　　　销货单位：（章）

第二联　抵扣联　购货方扣税凭证

业务5

支付阳澄湖大酒店酒水费1500元(见表7-29和表7-30)。

表7-29

江苏增值税普通发票
发 票 联

3200092270　　　　　　　　　　　　　　　　　　　　NO 06736868

开票日期:2016年12月15日

购货单位	名　　称: 苏州市黄河工厂 纳税人识别号:3204512265786 地　址、电　话:吴江区松陵花岗村16组 开户行及账号:工商银行二十七区支行 838536581	密码区	略
货物或应税劳务名称	规格型号	单位	数量	单价	金额	税率	税额
业务招待费			1.00	1 415.10	1 415.10	6%	84.91
合计					¥1 415.10		¥84.91
价税合计	人民币(大写)⊗　壹仟伍佰元整　　(小写)　¥1 500.00
销货单位	名　　称: 苏州市阳澄湖大酒店 纳税人识别号:3205007605183289 地　址、电　话:苏州工业园区阳澄湖渡假区118号 开户行及账号:工行园区支行 20907908094408	备注	

收款人:　　　　复核:　　　　开票人:张玮　　　　销货单位:(章)

表7-30

中国工商银行
转账支票存根

支票号码:2265876

科目:
对方科目:
签发日期　2016年12月15日

收款人:	苏州市阳澄湖大酒店
金　额:	¥1 500.00
用　途:	业务招待费
备　注:	

复核　　会计　　记账

业务6

固定资产计提折旧(见表7-31)。

项目七　主要经济业务的核算

表 7-31

固定资产折旧计算表

2016 年 12 月 31 日　　　　　　　　　　　　　　　　　　单位：元

使用部门	本月应计折旧固定资产原值	折旧率	折旧额
生产车间	4 400 000.00	0.5%	22 000.00
行政管理	2 072 000.00	0.338%	7 000.00
合　计	6 472 000.00		29 000.00

审核：张华　　　　　　　　　　　　　　　　　　　　　　　　　　制单：王力

业务 7

银行借款利息支出预提（见表 7-32）。

表 7-32

银行借款利息预计表

2016 年 12 月 31 日　　　　　　　　　　　　　　　　　　单位：元

贷款银行	借款种类	计息积数	利率	本月应计利息	备注
	短期借款	略	略	2 800.00	
	长期借款	略	略	4 400.00	
合　计				7 200.00	

审核：张华　　　　　　　　　　　　　　　　　　　　　　　　　　制单：王力

业务 8

工资费用分配（见表 7-33）。

表 7-33

工资费用分配汇总表

2016 年 12 月 31 日　　　　　　　　　　　　　　　　　　单位：元

车间、部门		应分配金额	备　注
车间生产工人工资	A 产品负担	17 700.00	
	B 产品负担	20 300.00	
生产管理人员工资		5 500.00	
行政管理人员工资		5 700.00	
合　计		49 200.00	

审核：张华　　　　　　　　　　　　　　　　　　　　　　　　　　制单：王力

业务 9

12 月份制造费用分配(见表 7-34)。

表 7-34

制造费用分配表

2016 年 12 月 31 日   单位:元

应借科目		分配标准(生产工时)	分配率	应分配金额	备注
生产成本	A 产品	8 000			
	B 产品	12 000			
合 计		20 000			

审核:张华   制单:王力

业务 10

12 月份完工产品成本归集(见表 7-35 和表 7-36)。

表 7-35

完工产品成本计算单

2016 年 12 月 31 日   单位:元

成本项目	A 产品(2 000 件)		B 产品(156 辆)	
	总成本	单位成本	总成本	单位成本
直接材料				
直接人工				
制造费用				
合 计				

审核:张华   制单:王力

表 7-36

产成品入库单

第 06 号

交库单位:生产车间   2016 年 12 月 31 日   仓库 02 号

产品名称	规格与型号	质量等级	单位	数量	单位成本	金额	备注
A 产品		优	件	2 000			
B 产品		优	辆	156			
合计							

验收:李析   制单:王长香

注意:假设 A、B 产品无期初余额,且月末全部完工。

【要求】准备空白记账凭证 10 张,根据上述原始凭证编制记账凭证。

任务4　销售过程的核算

知识准备

- 销售过程的概念。
- 销售成本、税金的内容与计算。
- "主营业务收入"、"其他业务收入"、"主营业务成本"、"其他业务成本"、"营业税金及附加"、"销售费用"、"预收账款"、"应收账款"、"应收票据"等账户的性质、结构、用途及明细账的设置。

具体要求

- 复习销售过程核算的相关理论知识。
- 根据提供的原始凭证,填制相关的记账凭证。

实训范例

（略）

实训操作

会计主体资料同本项目任务1实训操作。

业务1

支付产品广告费8 480元（见表7-37和表7-38）。

表7-37

项目七　主要经济业务的核算

表 7-38

江苏增值税专用发票
发票联

3200092270

NO 06736814

开票日期：2016 年 12 月 31 日

购货单位	名　　　　称：苏州市黄河工厂 纳税人识别号：3204512265786 地　址　、电　话：吴江区松陵花岗村 16 组 开户行及账号：工商银行二十七区支行 838536581				密码区	略		
货物或应税劳务名称	规格型号	单位	数　量	单价	金　额	税率	税　额
广告费			1.00	8 000.00	8 000.00	6%	480.00
合计					¥ 8 000.00		¥ 480.00
价税合计	人民币(大写)⊗		捌仟肆佰捌拾元整		(小写) ¥ 8 480.00		
销货单位	名　　　　称：苏州电视台 纳税人识别号：320582736522845 地　址　、电　话：工业园区现代大道 120 号 开户行及账号：农行东吴支行 20907908094511				备注			

收款人：　　　　　复核：　　　　　开票人：张玮　　　　　销货单位:(章)

江苏增值税专用发票
抵扣联

3200092270

NO 06736814

开票日期：2016 年 12 月 31 日

购货单位	名　　　　称：苏州市黄河工厂 纳税人识别号：3204512265786 地　址　、电　话：吴江区松陵花岗村 16 组 开户行及账号：工商银行二十七区支行 838536581				密码区	略		
货物或应税劳务名称	规格型号	单位	数　量	单价	金　额	税率	税　额
广告费			1.00	8 000.00	8 000.00	6%	480.00
合计					¥ 8 000.00		¥ 480.00
价税合计	人民币(大写)⊗		捌仟肆佰捌拾元整		(小写) ¥ 8 480.00		
销货单位	名　　　　称：苏州电视台 纳税人识别号：320582736522845 地　址　、电　话：工业园区现代大道 120 号 开户行及账号：农行东吴支行 20907908094511				备注			

收款人：　　　　　复核：　　　　　开票人：张玮　　　　　销货单位:(章)

业务 2

销售 A 产品给五星商贸，尚未收到银行进账单（见表 7-39）。

表 7-39

江苏增值税专用发票
此联不作报销、扣税凭证用

NO 0028624

开票日期：2016 年 12 月 31 日

购货单位	名　　　　称：苏州市五星商贸有限公司 纳税人识别号：310056487120 地　址、电　话：苏州市凤凰街 1254 号 开户行及账号：农行东吴支行 　　　　　　　20907908092001	密码区	略
货物或应税劳务名称	规格型号	单位	数　量	单价	金　额	税率	税　额
A 产品		件	1 000	380.00	380 000.00	17%	64 600.00
合计					￥380 000.00		￥64 600.00
价税合计	人民币（大写）⊗肆拾肆万肆仟陆佰元整			小写：￥444 600.00			
销货单位	名　　　　称：苏州市黄河工厂 纳税人识别号：3204512265786 地　址、电　话：吴江市松陵花岗村 16 组 开户行及账号：工商银行二七区支行 83852658	备注	

收款人：张良　　复核：　　开票人：张玮　　销货单位：（章）

第一联　记账联　销货方记账凭证

业务 3

销售 B 产品给张家港东方有限公司，已取得银行收账通知（见表 7-40 和表 7-41）。

表 7-40

江苏增值税专用发票
此联不作报销、扣税凭证用

NO 0028625

开票日期：2016 年 12 月 31 日

购货单位	名　　　　称：张家港市东方有限公司 纳税人识别号：10004563210888 地　址、电　话：张家港市新城大道 982 号 开户行及账号：建行张家港分行中山支行 　　　　　　　218708	密码区	略
货物或应税劳务名称	规格型号	单位	数　量	单价	金　额	税率	税　额
B 产品		辆	120.00	3 260.00	391 200.00	17%	66 504.00
合计					￥391 200.00		￥66 504.00
价税合计	人民币（大写）⊗肆拾伍万柒仟柒佰零肆元整			小写：￥457 704.00			
销货单位	名　　　　称：苏州市黄河工厂 纳税人识别号：3204512265786 地　址、电　话：吴江市松陵花岗村 16 组 开户行及账号：工商银行二七区支行 83852658	备注	

收款人：张良　　复核：　　开票人：张玮　　销货单位：（章）

第一联　记账联　销货方记账凭证

项目七 主要经济业务的核算

表 7-41

中国工商银行进账单(收款通知)

2016 年 12 月 31 日　　　　　　　　　　　　　　　　　　第 44 号

收款人	全 称	黄河工厂	付款人	全 称	东方公司
	账 号	83852658		账 号	83857241
	开户银行	工商银行二七区支行		开户银行	工商银行二七区支行

人民币(大写)：肆拾伍万柒仟柒佰零肆元整	百 十 万 千 百 十 元 角 分
	¥　　4 5 7 7 0 4 0 0

票据种类	转账支票
票据张数	1

单位主管　　　　　复核
会记　　　　　　　　记账

收款人开户行　　　盖章

（工商银行二七区支行 松陵分理处 2016.12.31 转讫）

业务 4

销售 A、B 产品各一批(见表 7-42 和表 7-43)。

表 7-42

江苏增值税专用发票
此联不作报销、扣税凭证用

No 0028626

开票日期：2016 年 12 月 31 日

购货单位	名　　称：太仓市长城有限公司 纳税人识别号：2004568790214 地　址、电话：太仓市西环路 1408 号 开户行及账号：建行太仓分行东街 　　　　　　　120065478	密码区	略

货物或应税劳务名称	规格型号	单位	数　量	单价	金　额	税率	税　额
A 产品		件	500.00	380.00	190 000.00	17%	32 300.00
B 产品		辆	80.00	3 260.00	260 800.00	17%	44 336.00
合计					¥450 800.00		¥76 636.00

价税合计	人民币(大写)⊗伍拾贰万柒仟肆佰叁拾陆元整　　小写：¥527 436.00

销货单位	名　　称：苏州市黄河工厂 纳税人识别号：3204512265786 地　址、电话：吴江市松陵花岗村 16 组 开户行及账号：工商银行二七区支行 83852658	备注	

收款人：张良　　　复核：　　　开票人：张玮　　　销货单位：(章)

第一联　记账联　销货方记账凭证

表 7-43

中国建设银行商业承兑汇票

汇票号码 SC2458
第 015 号

贰零壹陆年壹拾贰月叁拾壹日

	收款人		付款人	
全 称	黄河工厂	全 称	长城公司
账 号	83852658	账 号	120065478
开户银行	工商银行二七区支行 行号	开户银行	建行太仓分行 行号

汇票金额 人民币(大写):伍拾贰万柒仟肆佰叁拾陆元整

千	百	十	万	千	百	十	元	角	分
	¥	5	2	7	4	3	6	0	0

汇票到期日 2016年3月18日   交易合同号码

本汇票已经本单位承兑,到期日无条件支付票款。 此致

收款人负责 付款人盖章 经办 年 月 日

汇票签发人盖章 负责

此凭证为复印件

业务 5

应交城市维护建设税计算(见表 7-44)。

表 7-44

应交城市维护建设税计算表

2016 年 12 月 31 日   单位:元

项　目	计税依据	适用税率	税　额	应记借方科目
应交城市维护建设税	150 450	7%		
合　计				

审核:张华   制单:王力

业务 6

应交教育费附加计算(见表 7-45)。

表7-45

应交教育费附加计算表
2016年12月31日　　　　　　　　　　　　　　　　　　单位:元

项　目	计税依据	适用税率	税　额	应记借方科目
应交教育费附加	150 450	3%		
合　计				

审核:张华　　　　　　　　　　　　　　　　　　　　　　　　制单:王力

业务7

销售成本计算(见表7-46)。

表7-46

销售成本计算表
2016年12月31日　　　　　　　　　　　　　　　　　　单位:元

销售产品名称	单　位	销售数量	单位成本	销售成本	备　注
A产品	件		176.95		
B产品	辆		1 732.80		
合　计					

审核:张华　　　　　　　　　　　　　　　　　　　　　　　　制单:王力

【要求】准备空白记账凭证6张,根据上述原始凭证编制记账凭证。

实训体会

教师评价

任务5　利润的形成与分配的核算

知识准备

- 利润的概念与分类。
- 营业利润、利润总额、净利润及所得税的计算。
- 利润的分配的顺序与内容。
- "营业外收入"、"营业外支出"、"本年利润"、"所得税费用"、"利润分配"、"盈余公积"、"应付股利"等账户的性质、结构、用途及明细账的设置。

具体要求

- 掌握利润形成与分配的核算过程。
- 补充填列原始凭证,并编制相关的记账凭证。

实训范例

(略)

实训操作

会计主体资料同本项目任务1实训操作。

业务1

财产盘盈盘亏(见表7-47)。

表 7-47

财产盘盈盘亏报告单

部门:仓库　　　　　　　2016 年 12 月 31 日　　　　　　　第 03 号

财产名称	单位	盘 盈			盘 亏			原　因
		数量	单价	金额	数量	单价	金额	
甲材料	千克	20	20.00	400.00				待　查
B 产品	辆				1	1 732.80	1 732.80	待　查
领导批示	先调账,进一步查明原因后再行处理						12 月 31 日	

主管: 　　　　　　　　　　　　　　　　制单:王为

项目七 主要经济业务的核算

业务 2

应付南方工厂货款转营业外收入。

经核实,南方工厂已解体,我厂应付其货款 17 000 元,确已无法支付,转作营业外收入。

黄河工厂
2016 年 12 月 31 日

业务 3

月末盘点。

我厂月末盘点发现甲材料盘盈 20 千克计 400 元,B 产品盘亏一辆计 1 732.80 元。经核查,原因已明并进行处理。甲材料系自然升溢,由本企业转销;B 产品盘亏系被盗,作本企业营业外支出。

黄河工厂
2016 年 12 月 31 日

业务 4

损益类账户汇总(见表 7-48)。

表 7-48

损益类账户发生额汇总表

2016 年 12 月 31 日　　　　　　　　　　　　　　　　　　　　单位:元

收 入 类 账 户	发 生 额	费 用 类 账 户	发 生 额
主营业务收入		主营业务成本	
投资收益		营业税金及附加	
其他业务收入		管理费用	
营业外收入		销售费用	
		财务费用	
		其他业务成本	
		营业外支出	
合　　计		合　　计	

审核:张华　　　　　　　　　　　　　　　　　　　　　　　　制单:王力

业务 5

计算缴纳所得税(见表 7-49)。

表 7-49

应交所得税计算表

2016 年 12 月 31 日　　　　　　　　　　　　　　　　　单位:元

项　目	计税依据	税率	税额	备　注
应交所得税		25%		注:不考虑纳税调整事项
合　计				

审核:张华　　　　　　　　　　　　　　　　　　　　　　　　　制单:王力

业务 6

计提盈余公积(见表 7-50)。

表 7-50

盈余公积计算表

2016 年 12 月 31 日　　　　　　　　　　　　　　　　　单位:元

项　目	计提比例	金　额	备　注
本年净利润	—	1 000 000	
注定盈余公积	10%		
任意盈余公积	5%		
合　计			

审核:张华　　　　　　　　　　　　　　　　　　　　　　　　　制单:王力

业务 7

利润分配(见表 7-51)。

表 7-51

利润分配计算表

2016 年 12 月 31 日　　　　　　　　　　　　　　　　　单位:元

项　目	计提比例	金　额	备　注
本年净利润	—	1 000 000	
应付利润	40%		
合　计			

审核:张华　　　　　　　　　　　　　　　　　　　　　　　　　制单:王力

【要求】准备空白记账凭证7张,根据上述原始凭证编制记账凭证。

实训体会

教师评价

任务6 试算平衡表的编制

知识准备

- 试算平衡的含义及分类。
- 试算平衡的理论依据。
- 试算平衡法的公式。
- 试算平衡表的作用。
- 试算平衡表的缺陷。

具体要求

- 掌握期初余额的填写。
- 掌握本期发生额的填写。
- 掌握期末余额的填写。

实训范例

（略）

实训操作一

2016年12月1日,东方公司各账户的期初余额如表7-52所示。

表 7-52

资产类账户	金　额	权益类账户	金　额
银行存款	620 000	短期借款	300 000
应收账款	75 000	应付账款	110 000
原材料	95 000	实收资本	630 000
固定资产	420 000		

东方公司2016年12月发生下列经济业务：

业务 1

向银行借款20万元用于生产经营,期限1年(见表7-53)。

表 7-53

借款借据（收账通知）

2016 年 12 月 2 日　　　　　　　　　　　　　借款编号：10

贷款单位名称	东方公司	贷款单位账号	2456987							
贷款金额	人民币(大写): 贰拾万元整			百	十	万	千	百	十	元	角	分
			¥	2	0	0	0	0	0	0	0
贷款用途	生产经营
贷款期限	期限12个月，于2017年12月2日到期

上列贷款已批准发放，转入你单位存款账户。

此致

借款单位　　　　　（银行签章）

单位分录：
（借）　　　（贷）
主管　　　会计
复核　　　记账
××年　月　日

业务 2

支付永华工厂货款 18 万元（见表 7-54）。

表 7-54

工商银行特种转账凭证（代付款通知）

2016 年 12 月 10 日

收款单位	全称	永华工厂	付款单位	全称	东方公司							
	账号或地址	47854566		账号或地址	2456987							
	开户银行	工商银行中山支行		开户银行	工商银行油车路支行							
金额	人民币(大写): 壹拾捌万元整					千	百	十	万	千	百	十	元	角	分
					¥	1	8	0	0	0	0	0	0
转账原因	偿还前欠货款	银行盖章	科目 对方科目 　　　　复核员　　记账员

业务 3

接受泰华公司捐赠机器设备，价值 18 万元（见表 7-55）。

表 7-55-1

捐赠资产交接单

2016 年 12 月 15 日　　　　　　　　　　　　　　　　　　　　　　第 4 号

捐赠单位(人)	泰华公司	接受单位(人)	东方公司
捐赠资产名称	原始价值	评估确认价值	已提折旧	预计使用年限
机器设备		180 000.00		十年
合计人民币(大写)：壹拾捌万元整					
备　注：					

主管：苏华　　　　　　　　　　　　　　　　　　　　　　　　制单：李玉

表 7-55-2

江苏增值税专用发票
发　票　联

3200092270　　　　　　　　　　　　　　　　　　　　　NO 06736814

　　　　　　　　　　　　　　　　　　　　　　　　　　开票日期：2016 年 12 月 15 日

购货单位	名　　称：苏州市吴江区东方有限责任公司 纳税人识别号：3205512265786 地址、电话：吴江区松陵龙岗村 16 组 开户行及账号：工商银行松陵支行 838536581	密码区	略
货物或应税劳务名称	规格型号	单位	数量	单价	金额	税率	税额
C 型号机床	CXX-1	台	1.00	180 000.00	180 000.00	17%	30 600.00
合计					￥180 000.00		￥30 600.00
价税合计	人民币(大写)⊗　贰拾壹万零陆佰元整				(小写)　￥210 600.00		
销货单位	名　　称：苏州市吴江区泰华有限责任公司 纳税人识别号：320582736522883 地址、电话：吴江区中山北路 120 号 开户行及账号：农行东吴支行 20907908094523	备注					

收款人：　　　　复核：　　　　开票人：张玮　　　　销货单位：(章)

第三联　发票联　购货方记账凭证

项目七 主要经济业务的核算

江苏增值税专用发票 抵扣联

3200092270　　　　　　　　　　　　　　　　　　　　NO 06736814
开票日期：2016 年 12 月 15 日

购货单位	名　　称：苏州市吴江区东方有限责任公司 纳税人识别号：3205512265786 地　址、电话：吴江区松陵龙岗村 16 组 开户行及账号：工商银行松陵支行 838536581	密码区	略

货物或应税劳务名称	规格型号	单位	数量	单价	金额	税率	税额
C 型号机床	CXX-1	台	1.00	180 000.00	180 000.00	17%	30 600.00
合计					¥180 000.00		¥30 600.00
价税合计	人民币（大写）⊗		贰拾壹万零陆佰元整		（小写）		¥210 600.00

销货单位	名　　称：苏州市吴江区泰华有限责任公司 纳税人识别号：320582736522883 地　址、电话：吴江区中山北路 120 号 开户行及账号：农行东吴支行 20907908094523	备注	

收款人：　　　　　复核：　　　　　开票人：张玮　　　　　销货单位：（章）

业务 4

收到宏远工厂货款 3 万元（见表 7-56）。

表 7-56

中国工商银行进账单（收账通知）

2016 年 12 月 20 日　　　　　　　　　　　　　　　　　　　第 42 号

收款人	全　称	东方公司	付款人	全　称	宏远工厂
	账　号	2456987		账　号	6987456
	开户银行	工商银行油车路支行		开户银行	工商银行汾湖支行

人民币（大写）	叁万元整	千	百	十	万	千	百	十	元	角	分
				¥	3	0	0	0	0	0	0

票据种类	转账支票	
票据张数	1	收款人开户行盖章
单位主管 会计	复核 记账	

业务 5

一车间领用甲材料一批用于 A 产品生产（见表 7-57）。

表 7-57

领 料 单

领用部门：一车间
用途：A产品生产　　　　　2016 年 12 月 25 日　　　　　　　　　编号：400020

材料编号	名称	规格	计量单位	请领数量	实发数量	单位成本	金额	备注
	甲材料		公斤	300	300	50	15 000	

领料人：谢秋英　　　　　　　　　　　　　　　　　　　　　　发料人：陆刚

【要求】（1）根据上述经济业务编制记账凭证。
　　　　（2）填列试算平衡表（见表 7-58）。

表 7-58

试算平衡表

年　　月　　日

会计科目	期初余额		本期发生额		期末余额	
	借方	贷方	借方	贷方	借方	贷方
合　计						

实训操作二

根据本项目任务 1-5 资料所填制的记账凭证，编制黄河工厂 2016 年 12 月发生额试算平衡表（见表 7-59）。

表 7-59

发生额试算平衡表

2016 年 12 月

会计科目	本期发生额	
	借方	贷方
库存现金		
银行存款		
应收账款		
应收票据		
库存商品		
原材料		
生产成本		
固定资产		
累计折旧		
待处理财产损溢		
制造费用		
短期借款		
应付账款		
应付票据		
应付利息		
应付职工薪酬		
应交税费		
应付股利		
长期借款		
实收资本		
盈余公积		
本年利润		
利润分配		
主营业务收入		
主营业务成本		
营业税金及附加		
管理费用		
财务费用		
销售费用		
营业外收入		
营业外支出		
所得税费用		
合　计		

实训体会

教师评价

任务 7　资产负债表的编制

知识准备

- 资产负债表的概念。
- 资产负债表的格式。
- 资产负债表的填制方法。

具体要求

- 掌握根据某个总账账户的期末余额直接填列。
- 掌握根据若干个总账账户的期末余额分析计算填列。
- 掌握根据有关总账所属的明细账的期末余额分析计算填列。
- 掌握根据有关总账及其明细账的期末余额分析计算填列。
- 掌握根据有关资产类账户与其备抵账户抵消后的净额填列。

实训范例

（略）

实训操作

（一）万通公司2016年12月31日部分总分类账户的余额见表7-60。

表 7-60

账户名称	借方余额	贷方余额	账户名称	借方余额	贷方余额
库存现金	1 000		生产成本	234 560	
银行存款	1 955 944		无形资产	367 910	
其他货币资金	704 000		累计摊销		114 326
应收账款	899 316		固定资产	11 783 340	
预付账款		340 000	累计折旧		6 369 318
材料采购	150 000		无形资产	367 910	
其他应收款	684 684		长期待摊费用	547 200	
坏账准备		9 450	应付账款		944 084
原材料	4 048 000		预收账款		810 000
库存商品	570 400		长期借款		2 913 136
存货跌价准备		48 000	应付债券		699 000
材料成本差异	520 794		利润分配		380 988

(二) 有关明细账户的期末余额见表 7-61。

表 7-61

有关明细账户期末余额

账户名称	借方余额	贷方余额	账户名称	借方余额	贷方余额
应收账款	899 316		应付账款		944 084
—甲公司		100 684	—光明公司		1 001 160
—乙公司	1 000 000		—红光公司	57 076	
预付账款		340 000	预收账款		810 000
—A 公司		540 000	—W 公司		80 000
—B 公司	200 000		—X 公司	890 000	
坏账准备		9 450			
—应收账款		9 000			
—其他应收款		450			

(三) 其他有关资料如下：

1. 长期待摊费用中将于一年内摊销的数额为 54 000 元；
2. 一年内到期归还的长期借款 250 000 元；
3. 一年内到期归还的应付债券 200 000 元。

【要求】根据上述资料完成该公司 2016 年 12 月份的资产负债表中的未填项目(见表 7-62)。

表 7-62

资产负债表

编制单位：苏州万通有限责任公司　　　　2016 年 12 月 31 日　　　　　　　　单位：元

资产	期末余额	年初余额	负债和所有者权益	期末余额	年初余额
流动资产：		略	流动负债：		略
货币资金			短期借款	907 200	
交易性金融资产	76 032		交易性金融负债		
应收票据	108 000		应付票据	405 216	
应收账款			应付账款		
预付款项			预收款项		
其他应收款			应付职工薪酬	507 294	
应收利息			应交税费	399 888	
应收股利	240 060		应付利息		
存货			应付股利	1 423 998	

续表

资　　产	期末余额	年初余额	负债和所有者权益	期末余额	年初余额
一年内到期的非流动资产			其他应付款	213 312	
其他流动资产			一年内到期的非流动负债		
流动资产合计			其他流动负债		
非流动资产：			流动负债合计		
可供出售金融资产			非流动负债：		
持有至到期投资	1 468 800		长期借款		
长期应收款	647 000		应付债券		
长期股权投资			递延所得税负债		
固定资产			其他非流动负债		
在建工程	1 307 502		非流动负债合计		
工程物资			负债合计		
固定资产清理	412 344		所有者权益（或股东权益）		
无形资产			实收资本（或股本）	7 200 000	
商誉			资本公积	1 523 916	
长期待摊费用			盈余公积	3 137 760	
递延所得税资产			未分配利润		
其他非流动资产			所有者权益（或股东权益）合计		
非流动资产合计					
资产总计			负债及所有者权益（或股东）权益总计		

公司法定代表人：黄海　　　　会计主管：林芳　　　　会计机构负责人：左红

实训体会

教师评价

任务8 利润表的编制

本任务的知识准备

- ◆ 利润表的概念。
- ◆ 利润表的格式。
- ◆ 利润表的填制方法。

本任务的具体要求

- ◆ 掌握收入类项目的填列。
- ◆ 掌握费用类项目的填列。
- ◆ 掌握自然计算项目的填列。

实训范例

（略）

实训操作

万通公司2016年1月至11月各损益类账户的累计发生额和12月底转账前各损益类账户的发生额见表7-63（所得税税率25%）。

表7-63

账户名称	12月份发生数		1月至11月累计发生数	
	借方	贷方	借方	贷方
主营业务收入				4 000 000
主营业务成本	132 000	208 000	2 600 000	
销售费用	2 000		10 000	
营业税金及附加	1 000		24 000	
其他业务成本	7 500		30 000	
营业外支出	2 000		12 000	
财务费用	3 000		30 000	
管理费用	3 400		50 000	
其他业务收入				45 000
营业外收入		78 000		21 000

续表

账户名称	12月份发生数		1月至11月累计发生数	
	借方	贷方	借方	贷方
投资收益		9 000	8 500	
公允价值变动损益		1 000		90 000
资产减值损失	52 000	10 000	38 000	

【要求】不考虑纳税调整事项,编制2016年度利润表(见表7-64)。

表7-64

利 润 表

编制单位:苏州万通有限责任公司　　　　2016年度　　　　　　　　单位:

项　　目	本期金额	上期金额
一、营业收入		略
减:营业成本		
营业税金及附加		
销售费用		
管理费用		
财务费用		
资产减值损失		
加:公允价值变动收益(损失以"-"号填列)		
二、营业利润(亏损以"-"号填列)		
加:营业外收入		
减:营业外支出		
其中:非流动资产处置损失		
三、利润总额(亏损总额以"-"号填列)		
减:所得税费用		
四、净利润(净亏损以"-"号填列)		

实训体会

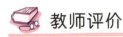

教师评价

项目八 综合模拟实训

项目导航

【学习目标】
1. 知识目标:认识中、小企业的常见经济业务的原始凭证。
2. 能力目标:掌握常见经济业务的账务处理。
3. 情感目标:通过对常见经济业务的认识,掌握其账务处理,增强对中小企业会计工作的感性认识。

【知识链接】
江苏省会计从业资格考试《会计基础》辅导教材。

【主要内容】
1. 与银行有关的重要票据填写。
2. 常见原始凭证认识及其账务处理。
3. 账簿登记及报表的填制。

【具体任务】
1. 根据要求填写业务的原始凭证。
2. 根据原始凭证编制记账凭证。
3. 根据原始凭证及记账凭证登记银行存款日记账。
4. 编制试算平衡表。
5. 编制资产负债表及利润表。

【实训资料】

一、企业基本信息
(一)基本情况
企业名称:苏州东吴有限责任公司
企业性质:工业企业
职工人数:年初120,年末125人
法人代表:张天明

经营范围:甲、乙产品研发、生产和销售

注册资本:800万元

基本存款账户开户银行:中国工商银行吴中分行,账号:369-539501040008434

纳税人识别号:320500760517166　纳税开户行:中国农业银行苏州分行,纳税账号:538201040084078

企业地址:苏州市吴中大道28号,电话:65656677

(二)会计岗位

1. 会计主管岗位

该企业利润分配于年终进行,按税后净利的10%计提法定盈余公积,按全年可供分配利润的50%向投资者分配利润。企业利润结转采用账结法核算。

2. 资金岗位

企业取得的短期借款采用按月计提利息费用并按季支付方式。银行存款日记账应每日结出余额,但不需每日结出发生额合计数。

3. 材料核算岗位

该企业为一般纳税人,购买材料的价格是不含税的价格,增值税税率为17%,但支付水费增值税税率为13%,购销货物所承担运费按11%抵扣。原材料按实际成本核算。

存货发出均采用先进先出法核算。(库存商品采用全月一次加权平均法)

4. 成本费用岗位

采用约当产量法分配完工产品与月末在产品成本,原材料系生产开始时一次性投入,其完工程度均为50%,直接用于产品生产用的水电费归集于成本项目中的直接材料项目中。制造费用按照产品生产工时比例分配,职工教育经费及工会经费按工资总额的1.5%和2%计提。

5. 固定资产核算岗位

本企业涉及的业务属于2016年的12月,购进固定资产及建筑材料所付的增值税允许抵扣。

6. 销售核算岗位

销售单价为不含税价格。

7. 总账岗位

城建税和教育费附加率分别为7%和3%;所得税税率为25%,无纳税调整事项。公司所得税按季预交,于年末汇算清缴。

(三)车间概况

车间主任:李东　领料员:刘五

企业设置一个基本生产车间,生产甲、乙两种产品。

(四)往来单位

1. 供应商信息

(1)张家港市佳顺电气件有限责任公司

开户行及账号:农行东吴支行20907908092001

纳税人识别号:320582736522944

地址、电话:张家港市凤凰镇程墩村,56227788

(2) 苏州市相城区青台厂
纳税人识别号:320500978203100
开户行及账号:东吴农商行黄桥支行,7066601091120100
地址、电话:黄埭镇青台村,65411632
2. 客户信息
(1) 吴江市双福纺织品有限责任公司
纳税人识别号:320503882090776
开户行及账号:中国工商银行苏州吴江支行1102020409000413543
地址、电话:吴江市盛泽路18号,62708780
(2) 常熟开明有限责任公司
纳税人识别号:320503882090776
开户行及账号:中国工商银行苏州吴江支行1102020409000413543
地址、电话:吴江市盛泽路18号,67706770
二、实务操作要求
1. 根据要求填写业务25、26、28、29、30、31、32、33、34、35的原始凭证
2. 根据提供的原始凭证编制记账凭证
3. 根据原始凭证及记账凭证登记银行存款日记账
4. 编制试算平衡表
5. 编制资产负债表及利润表
三、苏州东吴有限责任公司2016年12月1日期初余额
(1) 有关总分类账及其明细分类账户期初余额(见表8-1)

表8-1

账户名称	期初余额			
	总账		明细账	
	借方金额	贷方金额	借方金额	贷方金额
库存现金	12 025		12 025	
银行存款	487 898		487 898	
其他货币资金	200 000			
——银行汇票存款			200 000	
应收票据	351 000			
——吴江市双福			351 000	
应收账款	502 000			
——吴江市双福			234 000	
——常熟开明			268 000	

续表

账户名称	期初余额			
	总账		明细账	
	借方金额	贷方金额	借方金额	贷方金额
预付账款	35 100			
——苏州市第一百货商场			35 100	
其他应收款	3 000			
——张明			3 000	
坏账准备		3 510		
应收账款坏账准备				3 510
原材料	965 000			
原料及主要材料			965 000	
——甲材料			455 000	
——乙材料			510 000	
库存商品	1 606 400			
——A产品			811 250	
——B产品			795 150	
周转材料	72 000			
包装物			60 000	
——包装箱			60 000	
低值易耗品			12 000	
——劳保用品（工作服）			12 000	
固定资产	13 240 000			
——生产经营用固定资产			9 465 000	
——非生产经营用固定资产			3 775 000	
累计折旧		4 802 000		4 802 000
应付票据		510 000		
——张家港市佳顺				510 000
应付账款		510 600		
——张家港市佳顺				120 000
——相城区青台厂				390 600
预收账款		35 100		
——常熟开明				35 100

续表

账户名称	期初余额			
	总账		明细账	
	借方金额	贷方金额	借方金额	贷方金额
应交税费		432 183		
——未交增值税				213 580
——应交所得税				194 000
——应交城市维护建设税				14 950.6
——应交个人所得税				3 245
——应交教育费附加				6 407.4
实收资本		8 000 000		
——向兴公司				4 000 000
——福华公司				2 400 000
——万虹公司				1 600 000
资本公积		964 430		
——资本溢价				964 430
盈余公积		1 936 750		
——法定盈余公积				1 936 750
本年利润		957 000		957 000
利润分配		798 200		
——未分配利润				798 200
生产成本	1 475 350			
基本生产成本			1 475 350	
——A产品			615 600	
——B产品			859 750	
合计	18 949 773	18 949 773	18 949 773	18 949 773

(2) 补充说明表1(见表8-2)

表8-2

产品名称	数量(件)	成本项目			合计
		直接材料	直接人工	制造费用	
A产品	2 000	583 200	16 300	16 100	615 600
B产品	2 500	814 500	22 730	22 520	859 750
合 计		1 397 700	39 030	38 620	1 475 350

（3）补充说明表2（见表8-3）

表8-3

总账账户	明细账户	计量单位	数量	单价	金额
原材料	甲材料	千克	3 500	130	455 000
	乙材料	千克	3 000	170	510 000
周转材料	工作服	套	80	150	12 000
	包装箱	个	3 000	20	60 000
库存商品	A产品	件	3 245	250	811 250
	B产品	件	2 565	310	795 150

四、苏州东吴有限责任公司2016年12月份发生的交易或事项

业务1

见表8-4和表8-5。

表8-4

领 料 单

发货仓库：材料仓库　　　　　　　　　　　　　　　　　　　　　　　第1页
提货单位：A产品生产车间　　　　　　　　　　　　　　　　　　　　2016年12月1日

类别	编号	名称型号	单位	应发数量	实发数量	单位成本	金额
	1	甲材料	千克	2 000	2 000	130.00	260 000.00
		合　计					￥260 000.00

负责人：李四　　　　　经发：刘五　　　　　保管：王三　　　　　填单：

第三联　财务记账

表8-5

领 料 单

发货仓库：材料仓库　　　　　　　　　　　　　　　　　　　　　　　第1页
提货单位：B产品生产车间　　　　　　　　　　　　　　　　　　　　2016年12月1日

类别	编号	名称型号	单位	应发数量	实发数量	单位成本	金额
	2	乙材料	千克	1 500	1 500	170.00	255 000.00
		合　计					￥255 000.00

负责人：李四　　　　　经发：刘五　　　　　保管：王三　　　　　填单：

第三联　财务记账

业务 2

见表 8-6—表 8-9。

表 8-6

中国工商银行商业承兑汇票

△△ 01　02004558　1

出票日期（大写）：贰零壹陆年壹拾贰月零叁日

付款人	全称	苏州东吴有限责任公司	收款人	全称	张家港佳顺电气件公司
	账号	369-539501040008434		账号	20907908092001
	开户银行	工行吴中支行		开户银行	中国农业银行东吴支行

出票金额	人民币（大写）	贰拾万零柒拾元整	亿 仟 佰 十 万 仟 佰 十 元 角 分
			¥ 2 0 0 0 7 0 0 0

汇票到期日（大写）	贰零壹零年零贰月零叁日	付款人	行号	
交易合同号码	501	开户行	地址	

本汇票已经承兑，到期无条件支付票款。　　　　本汇票请予以承兑于到期日付款。

承兑人签章：明张印天　　　　　　　　　　　2016.12.17　出票人签章：张珊珊

承兑日期 2016 年 12 月 03 日

此联卡片：由承兑人（付款单位）留存

表 8-7

江苏增值税专用发票

发票联　　　　　　　　　　　　　　No.0901020940

开票日期：2016 年 12 月 3 日

购货单位	名　　称	苏州东吴有限责任公司	密码区	略
	纳税人识别号	320500760517166		
	地址、电话	苏州市吴中大道 28 号　65656677		
	开户行及账号	工行吴中支行 369-539501040008434		

货物或应税劳务名称	规格型号	单位	数量	单价	金额	税率	税额
乙材料		千克	1 000.00	171.00	171 000.00	17%	29 070.00

价税合计	人民币（大写）⊗ 贰拾万零柒拾元整	小写：¥200 070.00

销货单位	名　　称	张家港市佳顺电气件有限责任公司	备注	
	纳税人识别号	320582736522944		
	地址、电话	张家港市凤凰镇程墩村　5622778		
	开户行及账号	农行东吴支行 20907908092001		

收款人：　　　复核：　　　开票人：张玮　　　销货单位：（章）

第三联　发票联　购货方记账凭证

表8-8

江苏增值税专用发票

抵 扣 联（此联不作原始凭证） No.0901020940

开票日期：2016 年 12 月 3 日

购货单位	名　　　称：苏州东吴有限责任公司 纳税人识别号：320500760517166 地　址、电　话：苏州市吴中大道28号　65656677 开户行及账号：工行吴中支行 　　　　　　　369－539501040008434	密码区	略

货物或应税劳务名称	规格型号	单位	数　量	单价	金　额	税率	税　额
乙材料		千克	1 000.00	171.00	171 000.00	17%	29 070.00

价税合计	人民币（大写）⊗ 贰拾万零柒拾元整		小写：￥200 070.00

销货单位	名　　　称：张家港市佳顺电气件有限责任公司 纳税人识别号：320582736522944 地　址、电　话：张家港市凤凰镇程墩村　5622778 开户行及账号：农行东吴支行 20907908092001	备注	

收款人：　　　　　　复核：　　　　　　开票人：张玮　　　销货单位：(章)

第二联　抵扣联　购货方扣税凭证

表8-9

收　料　单

2016 年 12 月 3 日

材料科目：乙材料　　　　　　　　　　　　　　　　　　编号：002
材料类别：原料及主要材料　　　　　　　　　　　　　　收料仓库：2号仓库
供应单位：张家港市佳顺电气件有限责任公司　　　　　　发票号码：007435

材料编号	材料名称	规格	计量单位	数量		实际价格			
				应收	实收	单价	发票金额	运费	合计
	乙材料		千克	1 000	1 000	171.00	171 000.00		171 000.00
备注									

财务主管：丁林　　　供应科长：　　　　验收：王三　　　采购员：张宁

业务 3

见表 8-10 和表 8-11。

表 8-10

苏州市非税收收入一般缴款书

苏财准印（2006）－034－014 号

(05A) No.00825530

执收单位名称及代码：中国红十字协会苏州市分会　　　　缴款日期：2016 年 12 月 04 日

付款人	全称	苏州东吴有限责任公司	收款人	全称	中国红十字协会苏州市分会	流水号	第五联　收据
	账号	369－539501040008434		账号	1102028809000000388		
	开户银行	工行吴中支行		开户银行	工行财税分 财政专户		
收费项目执行码		收费项目名称	单位	标准	数量	金额	
21017		捐赠款		20 000.00		20 000.00	复核
							记账
金额合计（大写）　贰万元整						￥20 000.00	

监督电话：0512-58180685　　代收银行（章）　　执收单位（章）　　经办人：系统管理员

表 8-11

中国工商银行
转账支票存根

支票号码　XII4151768

附加说明：向新疆地震灾区捐款

签发日期　2016 年 12 月 04 日

收款人：中国红十字协会苏州市分会

金　额：￥20 000.00

用　途：向新疆地震灾区捐款

备　注：

单位主管　　　　会计

项目八 综合模拟实训

业务 4

见表 8-12。（当天被领用）

表 8-12

江苏省（地税）通用发票
发票联

3557842131513

发票代码：　　　　　　发票号码：62402054011
机打代码：　　　　　　机打号码：354289
付款方代码：　　　　　开票日期：2016 年 12 月 08 日
付款方名称：苏州东吴有限责任公司

行　业	开票项目及金额	附注
小型工业企业	办公用品　单价：350 元　金额：350 元	现金付讫
金额合计（大写）：人民币叁佰伍拾元整	（小写）：¥350.00	

机器编号：　　开票人：　　收款方代码：　　收款方（盖章有效）：

第一联　发票联

业务 5

见表 8-13 和表 8-14。

表 8-13

江苏增值税专用发票
此联不作报销、扣税凭证用

No.06738814

开票日期：2016 年 12 月 10 日

购货单位	名　　称：吴江市双福纺织品有限责任公司 纳税人识别号：320503882090776 地　址、电　话：吴江市盛泽路 18 号　62708780 开户行及账号：中国工商银行苏州吴江支行 　　　　　　　　1102020409000413543	密码区	略			
货物或应税劳务名称	规格型号	单位	数　量	单价	金　额	税率	税　额
A 产品		件	1 500.00	450.00	675 000.00	17%	114 750.00
合计					¥675 000.00		¥114 750.00
价税合计	人民币（大写）⊗柒拾捌万玖仟柒佰伍拾元整				小写：¥789 750.00		
销货单位	名　　称：苏州东吴有限责任公司 纳税人识别号：320500760517166 地　址、电　话：苏州市吴中大道 28 号　65656677 开户行及账号：中国工商银行吴中支行 　　　　　　　　369 - 539501040008434	备注				

收款人：　　复核：　　开票人：张玮　　销货单位：（章）

第一联　记账联　销货方记账凭证

表 8-14

中国工商银行　进账单（收账通知）　3

2016 年 12 月 10 日　　　　　　　　　　　第 5 号

出票人	全称	吴江市双福纺织品有限责任公司	收款人	全称	苏州东吴有限责任公司
	账号	1102020409000413543		账号	369-539501040008434
	开户银行	中国农业银行吴中支行		开户银行	工行吴中支行
	行号			行号	

人民币（大写）	柒拾捌万玖仟柒佰伍拾元整	仟	佰	十	万	仟	佰	十	元	角	分
		¥	7	8	9	7	5	0	0	0	

票据种类	转支 20587897458
票据张数	1

中国工商银行 吴中支行 2016.12.10 收讫

单位主管　　会计　　复核　　记账　　　　出票人开户行盖章

此联收款人开户银行交给收款人的收账通知

业务 6

见表 8-15 和表 8-16。

表 8-15

江苏增值税普通发票

发 票 联

3200092270　　　　　　　　　　　　　　　　NO 06736968

开票日期：2016 年 12 月 12 日

购货单位	名　　称	苏州东吴有限责任公司	密码区	略
	纳税人识别号	320500760517166		
	地址、电话	苏州市吴中大道 28 号		
	开户行及账号	农行苏州分行 538201040084071		

货物或应税劳务名称	规格型号	单位	数量	单价	金额	税率	税额
技术开发费			1.00	15 000.00	15 000.00	0%	0.00
合计					¥15 000.00		¥0.00

价税合计	人民币（大写）⊗　壹万伍仟元整　　（小写）¥15 000.00

销货单位	名　　称	苏州市电子元件研究所	备注	
	纳税人识别号	3205007605183289		
	地址、电话	苏州工业园区阳斜塘老街 118 号		
	开户行及账号	工行园区支行 20907908094433		

收款人：　　　复核：　　　开票人：张玮　　　销货单位：（章）

第三联　发票联　购货方记账凭证

表 8-16

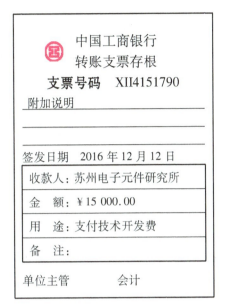

中国工商银行
转账支票存根
支票号码 XII4151790
附加说明 _____
_____

签发日期 2016 年 12 月 12 日
收款人：苏州电子元件研究所
金　额：￥15 000.00
用　途：支付技术开发费
备　注：

单位主管　　　　会计

业务 7

见表 8-17、表 8-18 和表 8-19（货款已预付）。

表 8-17

江苏增值税专用发票

发票联

No.0901028890

开票日期：2016 年 12 月 16 日

购货单位	名　　称：苏州东吴有限责任公司 纳税人识别号：320500760517166 地　址、电话：苏州市吴中大道 28 号　65656677 开户行及账号：工行吴中支行 　　　　　　　369－539501040008434	密码区	略

货物或应税劳务名称	规格型号	单位	数　量	单价	金　额	税率	税　额
劳保用品		套	200.00	150.00	30 000.00	17%	5 100.00

价税合计	人民币（大写）⊗叁万伍仟壹佰元整		小写：￥35 100.00

销货单位	名　　称：苏州市第一人民百货商场 纳税人识别号：32058273658890 地　址、电话：苏州市人民路 1588 号　56227788 开户行及账号：建行人民路支行 　　　　　　　209079090891	备注	

收款人：　　　　　复核：　　　　　开票人：张玮　　　销货单位:（章）

表 8-18

江苏增值税专用发票

抵 扣 联 （此联不作原始凭证） No.0901028890

开票日期：2016 年 12 月 16 日

购货单位	名　　　称：苏州东吴有限责任公司 纳税人识别号：320500760517166 地　址、电话：苏州市吴中大道 28 号　65656677 开户行及账号：工行吴中支行 　　　　　　　369－539501040008434	密码区	略

货物或应税劳务名称	规格型号	单位	数　量	单价	金　额	税率	税　额
劳保用品		套	200.00	150.00	30 000.00	17%	5 100.00

价税合计	人民币(大写)⊗叁万伍仟壹佰元整	小写：￥35 100.00

销货单位	名　　　称：苏州市第一人民百货商场 纳税人识别号：32058273658890 地　址、电话：苏州市人民路 1588 号　56227788 开户行及账号：建行人民路支行 　　　　　　　209079090891	备注	（苏州市第一人民百货商场 发票专用章）

收款人：　　　　复核：　　　　开票人：张玮　　　　销货单位：(章)

表 8-19

收 料 单

2016 年 12 月 16 日

材料科目：周转材料　　　　　　　　　　　　　　　编号：003
材料类别：工作服　　　　　　　　　　　　　　　　收料仓库：3 号仓库
供应单位：苏州市第一人民百货商场　　　　　　　　发票号码：007435

材料编号	材料名称	规格	计量单位	数量		实际价格			
				应收	实收	单价	发票金额	运费	合计
	工作服		套	200	200	150.00	30 000.00		30 000.00

财务主管：丁林　　　供应科长：　　　验收：王三　　　采购员：张宁

项目八 综合模拟实训

业务 8（采用一次摊销法）

见表 8-20。

表 8-20

领 料 单

发货仓库：周转材料仓库　　　　　　　　　　　　　　　　　　　　　　第 6 号
提货单位：生产车间　　　　　　　　　　　　　　　　　　　　　2016 年 12 月 16 日

类别	编号	名称型号	单位	应发数量	实发数量	单位成本	金额
	3	低值易耗品（工作服）	套	50	50	150.00	7 500.00
		合　计	套	50	50		7 500.00

（第三联　财务记账）

负责人：李四　　　经发人：刘五　　　保管：王三　　　填单：

业务 9

见表 8-21 和表 8-22。

表 8-21

江苏增值税专用发票
发 票 联

3200092270　　　　　　　　　　　　　　　　　　　　　　　NO 06736814
　　　　　　　　　　　　　　　　　　　　　　　开票日期：2016 年 12 月 18 日

购货单位	名　　称：苏州东吴有限责任公司 纳税人识别号：320500760517166 地　址、电话：苏州市吴中大道 28 号 开户行及账号：农行苏州分行 538201040084071	密码区	略

货物或应税劳务名称	规格型号	单位	数　量	单　价	金　额	税率	税　额
广告费			1.00	10 000.00	10 000.00	6%	600.00
合　计					￥10 000.000		￥600.00
价税合计	人民币（大写）⊗	壹万零陆佰元整			（小写）￥10 600.00		

销货单位	名　　称：苏州创意广告有限责任公司 纳税人识别号：320582736522568 地　址、电话：工业园区松涛街 120 号 开户行及账号：工行东吴支行 20907908094511	备注	

收款人：　　　　　复核：　　　　　开票人：张玮　　　　　销货单位：（章）

江苏增值税专用发票
抵 扣 联

3200092270　　　　　　　　　　　　　　　　　　　　NO 06736814

开票日期：2016 年 12 月 31 日

购货单位	名　　称：苏州东吴有限责任公司 纳税人识别号：320500760517166 地　址、电　话：苏州市吴中大道 28 号 开户行及账号：农行苏州分行 538201040084071	密码区	略

货物或应税劳务名称	规格型号	单位	数量	单价	金额	税率	税额
广告费			1.00	10 000.00	10 000.00	6%	600.00
合计					¥10 000.000		¥600.00
价税合计	人民币（大写）⊗		壹万零陆佰元整		（小写）		¥10 600.00

销货单位	名　　称：苏州创意广告有限责任公司 纳税人识别号：320582736522568 地　址、电　话：工业园区松涛街 120 号 开户行及账号：工行东吴支行 20907908094511	备注	

收款人：　　　　复核：　　　　开票人：张玮　　　　销货单位：（章）

业务 8-22

```
中国工商银行
转账支票存根
支票号码　XII4151792
附加说明：_____
_____
签发日期　2016 年 12 月 25 日
收款人：苏州市创意广告有限责任公司
金　额：¥10 600.00
用　途：支付广告费
备　注：
单位主管　　　　会计
```

业务 10

见表 8-23 和表 8-24。

表 8-23

江苏增值税专用发票
此联不作报销、扣税凭证用

No.0673886687

开票日期：2016 年 12 月 20 日

购货单位	名　　　称	常熟开明有限责任公司					密码区	略		
	纳税人识别号：	3205038829908766								
	地　址、电　话：	常熟市沙家浜路 90 号　67706770								
	开户行及账号：	中国工商银行苏州吴江支行 1102020409000887650								
货物或应税劳务名称	规格型号	单位	数　量	单价	金　额	税率	税　额			
B 产品		件	1 000.00	520.00	520 000.00	17%	88 400.00			
合计					￥520 000.00		￥88 400.00			
价税合计	人民币(大写)⊗陆拾万捌仟肆佰元整				小写：￥608 400.00					
销货单位	名　　　称	苏州东吴有限责任公司					备注			
	纳税人识别号：	320500760517166								
	地　址、电　话：	苏州市吴中大道 28 号　65656677								
	开户行及账号：	中国工商银行吴中支行 369－539501040008434								

收款人：　　　　复核：　　　　开票人：张玮　　　销货单位：(章)

第一联　记账联　销货方记账凭证

表 8-24

中国工商银行托收凭证 （受理回单）　　1

委托日期　2016 年 12 月 20 日

业务类型	委托收款(☑邮划、□电划)				托收承付(□邮划、□电划)			
收款人	全　称	常熟开明有限责任公司			付款人	全　称	苏州东吴有限责任公司	
	账　号	1102020409000880000				账　号	369－539501040008434	
	地　址	江苏省 常熟市县	开户行	工商银行常熟支行		地　址	江苏省 吴中区县	开户行 工行吴中支行
金额	人民币(大写)：陆拾万零捌仟肆佰叁拾陆元整				千百十万千百十元角分 ￥ 6 0 8 4 0 0 0 0			
款项内容				托运凭据名称			附寄单证张数	
商品发运情况				合同名称号码				
备注：				款项收妥日期			2016.12.20 收款人开户行签章	
复核　　记账				年　月　日			年　月　日	

业务 11

见表 8-25。

表 8-25

```
中国工商银行
现金支票存根

支票号码  XII4156785

附加说明：

签发日期  2016 年 12 月 21 日

收款人：苏州东吴有限责任公司
金　额：￥2 000.00
用　途：提现备用
备　注：

单位主管          会计
```

业务 12

见表 8-26 和表 8-27。

表 8-26

江苏增值税专用发票
此联不作报销、扣税凭证用

NO 0673886688

开票日期：2016 年 12 月 22 日

购货单位	名　称：常熟开明有限责任公司 纳税人识别号：3205038829908766 地　址、电话：常熟市沙家浜路 90 号　67706770 开户行及账号：中国工商银行苏州吴江支行 1102020409000887650	密码区	（略）
货物及应税劳务名称	规格型号	单位	数量	单价	金额	税率	税额
A 产品		件	1 000.00	450.00	450 000.00	17%	76 500.00
合计					￥450 000.00		￥76 500.00
价税合计	人民币（大写）⊗ 伍拾贰万陆仟伍佰元整　　　（小写）￥526 500.00

| 销货单位 | 名　称：苏州东吴有限责任公司 纳税人识别号：320500760517166 地　址、电话：苏州市吴中大道 28 号　65656677 开户行及账号：中国工商银行吴中支行 538201040084078 | 备注 | |

收款人：　　　复核：　　　开票人：丁海波　　　销货单位：(章)

第一联　记账联　销货方记账凭证

项目八　综合模拟实训

表 8-27

中国工商银行承兑汇票

2　C A / 0 1　02004558

出票日期（大写）：贰零壹陆年壹拾贰月贰拾贰日

付款人	全　称	常熟开明有限责任公司	收款人	全　称	苏州东吴有限责任公司
	账　号	1102020409000887650		账　号	369－539501040008434
	开户银行	中国工商银行常熟支行		开户银行	工行吴中支行

出票金额	人民币（大写）	伍拾贰万陆仟伍佰元整	亿仟佰十万仟佰十元角分
			¥ 5 2 6 5 0 0 0 0

汇票到期日（大写）	贰零壹柒年叁月贰拾贰日	付款人	行号	
交易合同号码			地址	

本汇票请你行承兑，到期无条件付款
出票人签章（章）

本汇票已经承兑，到期由本行付款。
承兑日期：2016.12.22

复核　　记账（王五）

此联持票人开户银行随托收凭证寄付款人开户行作借方凭证附件

业务 13

见表 8-28。

表 8-28

浙江增值税普通发票

发　票　联

3200092270

NO 06736825

开票日期：2016 年 12 月 22 日

购货单位	名　　称	苏州东吴有限责任公司	密码区	略
	纳税人识别号	320500760517166		
	地　址、电话	苏州市吴中大道 28 号		
	开户行及账号	农行苏州分行 538201040084071		

货物或应税劳务名称	规格型号	单位	数量	单价	金额	税率	税额
餐费			1.00	801.89	801.89	6%	48.11
合计					¥801.89		¥48.11

价税合计	人民币（大写）⊗　捌佰伍拾元整	（小写）¥850.00

销货单位	名　　称	钱塘人家川浙汇有限公司	备注	（发票专用章）33068277365200
	纳税人识别号	33068277365200		
	地　址、电话	浙江省嘉兴市越秀区 11 号 057322876		
	开户行及账号	农行嘉兴支行 20907908094510		

收款人：　　复核：　　开票人：张玮　　销货单位：（章）

第三联　发票联　购货方记账凭证

业务 14

见表 8-29—表 8-32。

表 8-29

江苏增值税专用发票
发 票 联

NO 0901020840

开票日期：2016 年 12 月 23 日

购货单位	名　　称：苏州东吴有限责任公司 纳税人识别号：320500760517166 地址、电话：苏州市吴中大道 28 号　65656677 开户行及账号：工行吴中支行 369－539501040008434	密码区	（略）

货物或应税劳务名称	规格型号	单位	数量	单价	金额	税率	税额
包装物		个	1 000.00	20.00	20 000.00	17%	3 400.00

价税合计	人民币（大写）⊗　　　 贰万叁仟肆佰元整　　　（小写）¥ 23 400.00

销货单位	名　　称：太仓市鸿运电气元件有限责任公司 纳税人识别号：32058273652880 地址、电话：太仓市大桥镇王李村　59227788 开户行及账号：农行太仓支行 2090790808359	备注	

收款人：　　　复核：　　　开票人：李四　　　销货单位：（章）

第三联　发票联　购货方记账凭证

表 8-30

江苏增值税专用发票
抵 扣 联（此联不作原始凭证）

NO 0901020840

开票日期：2016 年 12 月 23 日

购货单位	名　　称：苏州东吴有限责任公司 纳税人识别号：320500760517166 地址、电话：苏州市吴中大道 28 号　65656677 开户行及账号：工行吴中支行 　　　　　　369－539501040008434	密码区	略

货物或应税劳务名称	规格型号	单位	数　量	单价	金　额	税率	税　额
包装物		个	1 000.00	20.00	20 000.00	17%	3 400.00

价税合计	人民币（大写）⊗　　 贰万叁仟肆佰元整 　　（小写）¥ 23 400.00

销货单位	名　　称：太仓市鸿运电气元件有限责任公司 纳税人识别号：32058273652880 地址、电话：太仓市大桥镇王李村　59227788 开户行及账号：农行太仓支行 2090790808359	备注	

收款人：　　　复核：　　　开票人：李四　　　销货单位：（章）

第二联　抵扣联　购货方扣税凭证

表 8-31

收 料 单

2016 年 12 月 23 日

材料科目：周转材料　　　　　　　　　　　　　　　　　编号：005
材料类别：包装物　　　　　　　　　　　　　　　　　　收料仓库：3 号仓库
供货单位：太仓市鸿运电气元件有限责任公司　　　　　　发票号码：0901020840

材料编号	材料名称	规格	计量单位	数量		实际价格			
				应收	实收	单价	发票金额	运费	合计
	包装物		个	1 000	1 000	20.00	20 000.00		20 000.00
备注									

财务主管：丁林　　　供应科长：　　　验收：王三　　　采购员：张宁

表 8-32

中国工商银行　电汇凭证(回单)　1

委托日期　2016 年 12 月 23 日

付款人	全称	苏州东吴有限责任公司	收款人	全称	太仓市鸿运电气元件公司
	账号	369－539501040008434		账号	2090790808359
	汇出地点	苏州市吴中大道28号,65656677		汇入地点	太仓市大桥镇王李村
	汇出行名称	工行吴中支行		汇入行名称	工行太仓支行
金额	人民币（大写）	贰万叁仟肆佰元整	亿仟佰十万仟佰十元角分 ¥ 2 3 4 0 0 0 0		

款项已从你企业账户划转

汇入行签章

支付密码

附加信息及用途：

复核　　　记账

此联给付款人的付款通知

业务 15

见表 8-33。

表 8-33

中国农业银行托收凭证 （汇款依据或收账通知） 4

委托日期 2016 年 12 月 20 日

业务类型		委托收款(☑邮划、□电划)				托收承付(□邮划、□电划)			
付款人	全 称	常熟开明有限责任公司			收款人	全 称	苏州东吴有限责任公司		
	账 号	1102020409000880000				账 号	369－539501040008434		
	地 址	江苏省 常熟市县	开户行	工商银行常熟支行		地 址	江苏省 吴中区县	开户行	农行吴中支行
金额	人民币（大写）	伍拾捌万伍仟元整					千百十万千百十元角分 ¥ 5 8 5 0 0 0 0 0		
款项内容			托运凭据名称				附寄单证张数		
商品发运情况					合同名称号码				
备注：			款项收妥日期			收款人开户行签章 中国农业银行 吴中支行 2016.12.24 转讫(1)			
复核		记账		年 月 日				年 月 日	

业务 16

见表 8-34。

表 8-34

中国工商银行（汇款依据或付账通知） 5

委托日期 2016 年 12 月 25 日

业务类型		委托收款(☑邮划、□电划)				托收承付(□邮划、□电划)			
收款人	全 称	苏州东吴有限责任公司			收款人	全 称	苏州市相城区青台厂		
	账 号	369-539501040008434				账 号	7066601091120100		
	地 址	江苏省 吴中区县	开户行	工行吴中支行		地 址	江苏省 相城区县	开户行	农商行黄桥支行
金额	人民币（大写）	叁拾玖万零陆佰元整					千百十万千百十元角分 ¥ 3 9 0 6 0 0 0 0		
款项内容			托运凭据名称				附寄单证张数		
商品发运情况					合同名称号码				
备注：			款项收妥日期			收款人开户行签章 中国工商银行 吴中支行 2016.12.25 转讫(1)			
复核		记账		年 月 日				年 月 日	

项目八 综合模拟实训

业务 17

见表 8-35 和表 8-36。

表 8-35

隶属关系：
注册类型：有限责任公司

中华人民共和国税收通用缴款书

填发日期：2016 年 12 月 10 日

征收机关：苏州市国家税务局税源管理处

缴款单位	代 码	320500760517166		预算科目	编 码	010106
	全 称	苏州东吴有限责任公司			名 称	有限责任公司增值税
	开户银行	中国农业银行苏州分行			级 次	国家75%区县25%
	账 号	538201040084078		收缴国库		中央国库吴中支库(0511)

税款所属时期 2016 年 11 月 1 日至 2016 年 11 月 30 日　税款限缴日期 2016 年 12 月 31 日

品 目 名 称	课税数量	计税金额或销售收入	税率或单位税额	已缴或扣除额	实缴金额
增值税		6 056 353.00	17%	816 000.00	￥213 580.00
所得税			25%		￥194 000.00
合计	人民币(大写) 肆拾万柒仟伍佰捌拾圆整				￥407 580.00

缴款单位(人)(盖章)	(盖章)	上列款项已妥并划转收款单位账户	备注
经办人：	填票人(章)	国库(银行)盖章　　年　月　日	

表 8-36

电子缴库专用缴款书

2016 年 12 月 26 日　　　　　　　　(2016)苏地电库：No.00589

☑ 已申报　　　申报序号　　　　　　　　　　　　　　□ 未申报

纳税人计算机代码	67845321	征税机关代码	010106
纳税人名称	苏州东吴有限责任公司	征税机关名称	苏州地方税务局第七分局
付款人名称	苏州东吴有限责任公司	收款国库名称	中国农业银行吴中支行
付款开户银行名称	中国农业银行苏州分行	国库清算行号	
付款人账号	538201040084078		

纳税项目代码	课税数量	计税金额	实缴金额
城建税		213 580.00	14 950.60
教育附加		213 580.00	6 407.40
个人所得税			3 245.00
合计(大写) 贰万肆仟陆佰零叁圆整		金额合计(小写)：￥24 603.00	

缴款单位(人)(盖章)	征税机关	银行 2016.12.26	备注
经办人	(章)	记账员盖章	

业务 18

见表 8-37 和表 8-38。

表 8-37

领 料 单

发货仓库：材料仓库　　　　　　　　　　　　　　　　　第 3 号
提货单位：企业管理部门　　　　　　　　　　　　　　　2016 年 12 月 27 日

类别	编号	名称型号	单位	应发数量	实发数量	单位成本	金　额
	1	甲材料	千克	100	100	130.00	13 000.00
	2	乙材料	千克	300	300	170.00	51 000.00
	合　计		千克	400	400		￥64 000.00

第三联　财务记账

负责人：李四　　　　经发：刘五　　　　保管：王三　　　　填单：

表 8-38

领 料 单

发货仓库：材料仓库　　　　　　　　　　　　　　　　　第 3 号
提货单位：生产车间办公室　　　　　　　　　　　　　　2016 年 12 月 27 日

类别	编号	名称型号	单位	应发数量	实发数量	单位成本	金　额
	3	包装物	个	2 000	2 000	20.00	40 000.00
	合　计		个	2 000	2 000		￥40 000.00

第三联　财务记账

负责人：李四　　　　经发：刘五　　　　保管：王三　　　　填单：

业务 19

见表 8-39 和表 8-40（销售产品费用自行承担）。

表 8-39

江苏增值税专用发票 发票联

3200092270
NO 06736814
开票日期：2016 年 12 月 22 日

购货单位	名　　称：苏州东吴有限责任公司 纳税人识别号：320500760517166 地　址、电　话：苏州市吴中大道 28 号 开户行及账号：农行苏州分行 538201040084071	密码区	略

货物或应税劳务名称	规格型号	单位	数　量	单价	金　额	税率	税　额
运输费			1.00	5 000.00	5 000.00	11%	550.00
合计					￥5 000.00		￥550.00

价税合计	人民币(大写)⊗	伍仟伍佰伍拾元整	(小写) ￥5 550.00

销货单位	名　　称：苏州市第三运输有限公司 纳税人识别号：320582736522967 地　址、电　话：苏州市人民西路 120 号 开户行及账号：农行东吴支行 20907908074510	备注	

收款人：　　　　复核：　　　　开票人：张玮　　　　销货单位：(章)

第三联 发票联 购货方记账凭证

江苏增值税专用发票 抵扣联

3200092270
NO 06736814
开票日期：2016 年 12 月 22 日

购货单位	名　　称：苏州东吴有限责任公司 纳税人识别号：320500760517166 地　址、电　话：苏州市吴中大道 28 号 开户行及账号：农行苏州分行 538201040084071	密码区	略

货物或应税劳务名称	规格型号	单位	数　量	单价	金　额	税率	税　额
运输费			1.00	5 000.00	5 000.00	11%	550.00
合计					￥5 000.00		￥550.00

价税合计	人民币(大写)⊗	伍仟伍佰伍拾元整	(小写) ￥5 550.00

销货单位	名　　称：苏州市第三运输有限公司 纳税人识别号：320582736522967 地　址、电　话：苏州市人民西路 120 号 开户行及账号：农行东吴支行 20907908074510	备注	

收款人：　　　　复核：　　　　开票人：张玮　　　　销货单位：(章)

第二联 抵扣联 购货方扣税凭证

表 8-40

```
中国工商银行
转账支票存根

支票号码  XII41517448

附加说明：_____
_____
_____

签发日期  2016 年 12 月 28 日
收款人：苏州市第三运输有限公司
金　额：￥5 550.00
用　途：支付运输费
备　注：

单位主管            会计
```

业务 20

见表 8-41。

表 8-41

工资结算清单

单位：　　　　　　　　　　　2016 年 12 月 29 日

职员姓名	基本工资	辅助工资	全勤	应付金额	代扣款项					实发金额
					税款	扣医保	养老保	失业险	住房公积	
王参政	1 200	100	300	1 600		35	60			1 505
程精惠	750	300	200	1250		30	55			1 165
姚阿文	600	230	100	930		26	43			861
庄可塑	600	220	100	920		25	40			855
钟苁	500	250	120	870		20	33			817
…	…	…	…	…	…	…	…	…	…	…
合计	149 010	135 935	40	284 905	3 246.80	8 547.15	22 792.4	2 849.05	2 849.05	244 620.55

记账：　　　　　复核：　　　　　制表：　　　　　批复：

（中国工商银行 吴中支行 2016.12.26 转讫）

业务 21

见表 8-42。

表 8-42

使用部门		固定资产月初原值				合 计
		房屋及建筑物	通用设备	电子设备及其他通信设备	交通运输设备	
生产车间		5 100 000.00	4 200 000.00	25 000.00	140 000.00	9 465 000.00
企业管理部门	企划部	260 000.00		100 000.00		360 000.00
	财务部门	180 000.00		30 000.00		210 000.00
	采购部	160 000.00		20 000.00		180 000.00
	仓储部	1 130 000.00		20 000.00		1 150 000.00
	设备部	160 000.00		20 000.00	560 000.00	740 000.00
	研发部	430 000.00		500 000.00		930 000.00
销售部		180 000.00		25 000.00		205 000.00
合 计		7 600 000.00	4 200 000.00	740 000.00	700 000.00	13 240 000.00

（备注：本企业固定资产折旧采用月分类折旧率计算，房屋建筑物类为0.3%，机器设备类为0.8%）

业务 22

见表 8-43。

表 8-43

中国工商银行　收费凭证

2016 年 12 月 31 日　　　　　　　　　第 12897 号

户　名	苏州东吴有限责任公司		开户银行	工行吴中支行							
账　号	369－539501040008434		收费种类	手续费							
1. 客户购买凭证时在"收费种类"栏填写工本费，在"凭证种类"栏填写所购凭证名称。 2. 客户在办理结算业务时，在"收费种类"栏分别填写手续费或邮电费，在"结算种类"栏填写办理的结算方式。	凭证（结算）种类		单价	数量	金　额						
					万	千	百	十	元	角	分
	转账						1	8	0	0	0
	人民币（大写）	壹佰捌拾元整			¥		1	8	0	0	0
	复核			记账							

业务 23

见表 8-44、表 8-45 和表 8-46。

表 8-44

江苏增值税专用发票
发 票 联

No.0901025843

开票日期：2016 年 12 月 31 日

购货单位	名　　　称：苏州东吴有限责任公司 纳税人识别号：320500760517166 地址、电话：苏州市吴中大道28号　65656677 开户行及账号：工行吴中支行 　　　　　　369-539501040008434	密码区	略			
货物或应税劳务名称	规格型号	单位	数　量	单价	金　额	税率	税额
水费		立方米	2 650.00	3.00	7 950.00	13%	1 033.50
价税合计	人民币（大写）⊗ 捌仟玖佰捌拾叁元伍角整　　（小写）　¥8 983.50						
销货单位	名　　　称：苏州市自来水公司吴中分公司 纳税人识别号：1102356748933949857 地址、电话：吴中区吴中大道288号，59227788 开户行及账号：农行吴中支行 2090790808359	备注				

收款人：　　　　复核：　　　　开票人：李四　　　　销货单位：（章）

第三联　发票联　购货方记账凭证

表 8-45

江苏增值税专用发票
抵扣联（此联不作原始凭证）

No.0901025843

开票日期：2016 年 12 月 31 日

购货单位	名　　　称：苏州东吴有限责任公司 纳税人识别号：320500760517166 地址、电话：苏州市吴中大道28号　65656677 开户行及账号：工行吴中支行369-539501040008434	密码区	略			
货物或应税劳务名称	规格型号	单位	数　量	单价	金　额	税率	税额
水费		立方米	2 650.00	3.00	7 950.00	13%	1 033.50
价税合计	人民币（大写）⊗ 捌仟玖佰捌拾叁元伍角整　　（小写）　¥8 983.50						
销货单位	名　　　称：苏州市自来水公司吴中分公司 纳税人识别号：1102356748933949857 地址、电话：吴中区吴中大道288号　59227788 开户行及账号：农行吴中支行 2090790808359	备注				

收款人：　　　　复核：　　　　开票人：李四　　　　销货单位：（章）

第二联　抵扣联　购货方扣税凭证

项目八 综合模拟实训

表 8-46

中国工商银行托收凭证（付款通知） 5

委托日期　2016 年 12 月 15 日　　付款期限：2017 年 01 月

业务类型	委托收款(☑邮划、□电划)			托收承付(□邮划、□电划)			
付款人	全　称	苏州东吴有限责任公司		收款人	全　称	苏州市自来水公司吴中分公司	
	账　号	369-539501040008434			账　号	2090790808359	
	地　址	江苏省苏州市	开户行	工行吴中支行	地　址	苏州市吴中区市省县	开户行	农行吴中支行
金额	人民币(大写)	捌仟玖佰捌拾叁元伍角整				￥8 983 50	
款项内容	水费	托运凭据名称		增值税专用发票	附寄单证张数	2 张	
商品发运情况				合同名称号码			

备注：（中国工商银行吴中支行 2016.12.31 转讫(1)）

付款人注意：
1. 根据结算办法规定，上列委托收款（托收承付）款项在付款期限内未提出拒付，即视为同意付款。
2. 如需提出全部或部分拒付，应在规定期限内，将拒付款理由书并付债务证明退交开户银行。

付款人开户银行签章　年　月　日

复核　记账

业务 24

见表 8-47、表 8-48 和表 8-49。

表 8-47

江苏增值税专用发票
发　票　联

No.09010258673

开票日期：2016 年 12 月 31 日

购货单位	名　　称：苏州东吴有限责任公司 纳税人识别号：320500760517166 地　址、电话：苏州市吴中大道 28 号　65656677 开户行及账号：工行吴中支行 369－539501040008434	密码区	略

货物或应税劳务名称	规格型号	单位	数量	单价	金额	税率	税额
电费		度	110 000.00	0.60	66 000.00	17%	11 220.00
价税合计	人民币(大写) ⊗柒万柒仟贰佰贰拾元整				(小写) ￥77 220.00		

销货单位	名　　称：苏州市供电局吴中分局 纳税人识别号：110235674893399087 地　址、电话：吴中区石湖路 557 号　5922777 开户行及账号：农行吴中支行 20907908887760	备注	

收款人：　　　复核：　　　开票人：光五　　　销货单位：(章)

表 8-48

江苏增值税专用发票
抵 扣 联

No.09010258673

（此联不作原始凭证用）　　开票日期：2016 年 12 月 31 日

购货单位	名　　称	苏州东吴有限责任公司	密码区	略
	纳税人识别号	320500760517166		
	地址、电话	苏州市吴中大道 28 号　65656677		
	开户行及账号	工行吴中支行 369－539501040008434		

货物或应税劳务名称	规格型号	单位	数量	单价	金额	税率	税额
电费		度	110 000.00	0.60	66 000.00	17%	11 220.00

价税合计	人民币（大写）⊗柒万柒仟贰佰贰拾元整　　（小写）￥77 220.00

销货单位	名　　称	苏州市供电局吴中分局	备注	（苏州市供电局吴中区分局 发票专用章）
	纳税人识别号	110235674893399087		
	地址、电话	吴中区石湖路 557 号　59227777		
	开户行及账号	农行吴中支行 20907908887760		

收款人：　　　　　复核：　　　　　开票人：光五　　　　销货单位：（章）

第二联 抵扣联 购货方记账凭证

表 8-49

中国工商银行托收凭证（付款通知）　5

委托日期　2016 年 12 月 15 日　　　　付款期限：2017 年 01 月

业务类型	委托收款（☑邮划、□电划）			托收承付（□邮划、□电划）			
付款人	全　称	苏州东吴有限责任公司		收款人	全　称	苏州市供电局吴中区分局	
	账　号	369－539501040008434			账　号	20907908887760	
	地　址	苏州市江苏省县	开户行	工行吴中支行	地　址	苏州市吴中区市省县	开户行	农行吴中支行

金额	人民币（大写）	柒万柒仟贰佰贰拾元整	千百十万千百十元角分
			￥ 7 7 2 2 0 0 0

款项内容	水费	托运凭据名称		增值税专用发票	附寄单证张数	2 张

商品发运情况		合同名称号码	

备注：

（中国工商银行吴中支行 2016.12.31 转讫 (1)）

付款人注意：
1. 根据结算办法规定，上列委托收款（托收承付）款项在付款期限内未提出拒付，即视为同意付款。
2. 如需提出全部或部分拒付，应在规定期限内，将拒付款理由书并付债务证明退交开户银行。

复核　　　记账　　　付款人开户银行签章　年　月　日

业务 25

见表 8-50。

表 8-50

工资费用分配汇总表

2016 年 12 月 31 日　　　　　　　　　　　　　　　　　　　　　　　　单位：元

车间、部门	应付工资	社会保险（五险）									
		养老保险		医疗保险		失业保险		工伤险		生育险	
		单位(20%)	个人(8%)	单位(8%)	个人(3%)	单位(1%)	个人(1%)	单位(0.5%)		单位(0.8%)	
生产工人	176 045.00										
车间管理人员	9 940.00										
企业管理人员	85 820.00										
专设销售机构	13 100.00										
合计	284 905.00										

主管：李明　　　　　　　审核：王华　　　　　　　制表：王明

业务 26

见表 8-51。

表 8-51

福利费及"三金"计提汇总表

2016 年 12 月 31 日　　　　　　　　　　　　　　　　　　　　　　　　单位：元

车间、部门	应付工资	福利费 14%	三 金			
			住房公积金		工会经费	职工教育经费
			单位(1%)	个人(1%)	计提比例(2%)	计提比例(1.5%)
生产工人	176 045.00	24 646.30				
车间管理人员	9 940.00	1 391.60				
企业管理人员	85 820.00	12 014.80				
专设销售机构	13 100.00	1 834.00				
合 计	284 905.00	39 886.70				

主管：李明　　　　　　　审核：王华　　　　　　　制表：王明

业务 27

见表 8-52—表 8-55。

表 8-52

中国工商银行同城特约委托收凭证（付款通知） 2

委托日期：2016 年 12 月 31 日

业务类型		委托收款(☑邮划、□电划)				托收承付(□邮划、□电划)										
付款人	全 称	苏州东吴有限责任公司			收款人	全 称	苏州市吴中区社会保险基金管理中心									
	账 号	369－539501040008434				账 号	7658－43627193840586096									
金额	人民币(大写)	叁万壹仟叁佰叁拾玖元伍角伍分					千	百	十	万	千	百	十	元	角	分
									¥	3	1	3	3	9	5	5
款项内容			合同		收款人联系电话		68493219									
收 2016 年 12 月份医保费：31 339.55 元																

表 8-53

中国工商银行同城特约委托收凭证（付款通知） 2

委托日期：2016 年 12 月 31 日

业务类型		委托收款(☑邮划、□电划)				托收承付(□邮划、□电划)										
付款人	全 称	苏州东吴有限责任公司			收款人	全 称	苏州市吴中区社会保险基金管理中心									
	账 号	369－539501040008434				账 号	7658－43627193840586096									
金额	人民币(大写)	捌万玖仟壹佰柒拾伍元贰角捌分					千	百	十	万	千	百	十	元	角	分
									¥	8	9	1	7	5	2	8
款项内容			合同号		收款人联系电话		68493219									
收 2017 年 11 月份养老金：79 773.40 元　失业保险费：5 698.11 元　工伤保险：1 424.53 元　生育保险：2 279.24 元																

表 8-54

苏州市非税收收入一般缴款书

苏财准印（2006）-028-016 号

(05A) NO 007255890

执收单位名称及代码：吴中区社会保险基金管理中心　　缴款日期：2016 年 12 月 31 日

缴款人	全　称	苏州东吴有限责任公司	收款人	全　称	吴中区社会保险基金管理中心	流水号
	账　号	369-539501040008434		账　号	7658-43627193840586096	
	开户银行	工行吴中支行		开户银行	2 建行财税分　财政专户	

收费项目执行码	收费项目名称	单位	标准	数量	金额	复核
医疗保险					31 339.55	
						记账
金额合计（大写）叁万壹仟叁佰叁拾玖元伍角伍分					¥31 339.55	

监督电话：0512-58180685　　代收银行：（章）　　执收单位：（章）　　经办人：系统管理员

第五联　收据

表 8-55

苏州市非税收收入一般缴款书

苏财准印（2016）-038-016 号

(05A) NO 007255891

执收单位名称及代码：吴中区社会保险基金管理中心　　缴款日期：2016 年 12 月 31 日

缴款人	全　称	苏州东吴有限责任公司	收款人	全　称	吴中区社会保险基金管理中心	流水号
	账　号	369-539501040008434		账　号	7658-43627193840586096	
	开户银行	工行吴中支行		开户银行	2 建行财税分　财政专户	

收费项目执行码	收费项目名称	单位	标准	数量	金额	复核
养老金					79 773.40	
失业保险费					5 698.11	
工伤保险					1 424.53	记账
生育保险					2 279.24	
金额合计（大写）捌万玖仟壹佰柒拾伍元贰角捌分					¥89 175.28	

监督电话：0512-58180685　　代收银行：（章）　　执收单位：（章）　　经办人：系统管理员

第五联　收据

业务 28

见表 8-56。

表 8-56

水、电费分配表

2016 年 12 月 31 日

使用部门	水　费			电　费		
	耗用数量	单价	金额	耗用数量	单价	金额
车间耗用	2 000	3.00		100 000	0.60	
其中:A 产品耗用	1 200			60 000		
B 产品耗用	800			40 000		
车间一般耗用	100			2 000		
管理部门耗用	500			7 000		
销售部门耗用	50			1 000		
合　计						

业务 29

见表 8-57。

表 8-57

制造费用分配表

车间:基本生产车间　　　　　2016 年 12 月 31 日　　　　　　　　　　单位:元

分配对象	分配标准 （生产工时）	分配率(%) （元/时）	分配金额
A 产品	6 000 小时		
B 产品	7 200 小时		
合　计			

主管：　　　　　　　复核：　　　　　　　制表：

保留两位小数

业务 30

见表 8-58 和表 8-59。

表 8-58

产品生产成本计算表

2016 年 12 月 31 日　　　　　　　　产品名称：A 产品

项　　目	直接材料	直接人工	制造费用	合　　计
月初在产品				
本月生产费用				
约当产量				
月末在产品成本				
完工产品成本				
单位成本				

主管：　　　　　会计：　　　　　复核：　　　　　制表：

备注：(产量)月初 2 000 件，投入 2 200 件，完工 2 400 件，月末 1 800 件。

表 8-59

产品生产成本计算表

2016 年 12 月 31 日　　　　　　　　产品名称：B 产品

项　　目	直接材料	直接人工	制造费用	合　　计
月初在产品				
本月生产费用				
约当产量				
月末在产品成本				
完工产品成本				
单位成本				

主管：　　　　　会计：　　　　　复核：　　　　　制表：

备注：(产量)月初 2 500 件，投入 2 000 件，完工 2 800 件，月末 1 700 件。

业务 31

见表 8-60。

表 8-60

产品销售成本计算表

2016 年 12 月 31 日

项目	A 产品			B 产品		
	数量	单价	金额	数量	单价	金额
期初结存						
本期完工						
本期销售						
期末结存						

主管：　　　　　会计：　　　　　复核：　　　　　制单：

业务 32

见表 8-61。

表 8-61

营业税金及附加计算表

2016 年 12 月 31 日

项　目	金额	应记科目	对应科目
本期产品销售额①			
增值税销项税额② = ① × 17%			
增值税进项税额③			
应交增值税④ = ② − ③			未交增值税
应交城建税 = ④ × 7%		应交税费	营业税金及附加
应交教育费附加 = ④ × 3%		应交税费	营业税金及附加

主管：　　　　　会计：　　　　　复核：　　　　　制表：

业务 33

见表 8-62。

表 8-62

损益账户发生额汇总表

2016 年 12 月

账　户	本年发生额	
	借　方	贷　方
主营业务收入		
主营业务成本		
营业税金及附加		
营业外支出		
管理费用		
销售费用		
财务费用		
所得税费用		
合　计		

业务 34

见表 8-63。

表 8-63

企业所得税计算表

税款所属期:2016 年 1 月 1 日至 2016 年 12 月 31 日

项　目	行　次	累计金额
利润总额		
加:纳税调整增加额		
减:纳税调整减少额		
减:弥补以前年度亏损		
应纳税所得额		
适用税率 25%		
应纳所得税额		
汇总纳税成员企业就地预缴比例		
实际已预缴所得税额		
应补(退)的所得税额		

业务 35

见表 8-64。

表 8-64

法定盈余公积金和公益金计提表

2016 年度　　　　　　　　　　　　　　　单位：元

税前利润总额	可调整额	应纳所得税额	应扣除额	计提基数	法定盈余公积金	
					计提比例	金额

主管：　　　　　　记账：　　　　　　审核：　　　　　　制表：

业务 36

见表 8-65。

表 8-65

利润分配方案

　　苏州东吴有限责任公司董事会于 2016 年 12 月 31 日召开了第四次董事会，对本年利润分配方案作出如下决议：

　　根据本年度公司实现利润情况，考虑公司今后发展需用，将本年净利润的 50% 向投资者进行分配。

苏州东吴有限责任公司董事会
2016 年 12 月 31 日

业务 37

编制利润表。（见表 8-66）

表 8-66

利 润 表 （会企02表）

编制单位： 　　　　　　　　　　　年　月　　　　　　　　　　单位：元

项　　目	本期金额	累计金额
一、营业收入		（本栏略）
减：营业成本		
营业税金及附加		
销售费用		
管理费用		
财务费用		
资产减值损失		
加：公允价值变动收益（损失以"－"号填列）		
投资收益（损失以"－"号填列）		
其中：对联营企业和合营企业的投资收益		
二、营业利润（亏损以"－"号填列）		
加：营业外收入		
减：营业外支出		
其中：非流动资产处置损失		
三、利润总额（亏损总额以"－"号填列）		
减：所得税费用		
四、净利润（净亏损以"－"号填列）		
五、每股收益		

业务38

　　登记银行存款日记账（账页略）。

业务39

　　编制资产负债表（见表8-67）。

表 8-67

资产负债表

编制单位： 年 月 日 单位：元 （会企 01 表）

资产	期末余额	年初余额	负债和所有者权益	期末余额	年初余额
流动资产：		（本栏略）	流动负债：		（本栏略）
货币资金			短期借款		
交易性金融资产			交易性金融负债		
应收票据			应付票据		
应收账款			应付账款		
预付款项			预收款项		
应收利息			应付职工薪酬		
应收股利			应交税费		
其他应收款			应付利息		
存货			应付股利		
一年内到期的非流动资产			其他应付款		
其他流动资产			一年内到期的非流动负债		
流动资产合计			其他流动负债		
非流动资产：			流动负债合计		
可供出售金融资产			非流动负债：		
持有至到期投资			长期借款		
长期应收款			应付债券		
长期股权投资			长期应付款		
投资性房地产			专项应付款		
固定资产			预计负债		
在建工程			递延所得税负债		
工程物资			其他非流动负债		
固定资产清理			非流动负债合计		
生产性生物资产			负债合计		
油气资产			所有者权益：		
无形资产			实收资本（或股本）		
开发支出			资本公积		
商誉			减：库存股		
长期待摊费用			盈余公积		
递延所得税资产			未分配利润		
其他非流动资产			所有者权益合计		
非流动资产合计					
资产总计			负债和所有者权益总计		

业务 40

编制试算平衡表(见表 8-68)。

表 8-68

试算平衡表

账户名称	期初余额		本期发生额		期末余额	
	借方	贷方	借方	贷方	借方	贷方
库存现金						
银行存款						
其他货币资金						
应收票据						
应收账款						
坏账准备						
预付账款						
其他应收款						
原材料						
周转材料						
库存商品						
生产成本						
固定资产						
累计折旧						
应付票据						
应付账款						
预收账款						
应付股利						
应交税费						
应付职工薪酬						
其他应付款						
实收资本						
资本公积						
盈余公积						
本年利润						
利润分配						
主营业务收入						
主营业务成本						
营业税金及附加						
营业外支出						
财务费用						
管理费用						
销售费用						
所得税费用						

实训体会

教师评价

综合模拟实训参考答案

一、会计分录

业务	凭证号	一级科目	二级科目	借方金额	贷方金额
1	记1	生产成本	A	260 000.00	
		生产成本	B	255 000.00	
		原材料	甲		260 000.00
		原材料	乙		255 000.00
2	记2	原材料	乙	171 000.00	
		应交税费	应交增值税(进)	29 070.00	
		应付票据			200 070.00
3	记3	营业外支出		20 000.00	
		银行存款			20 000.00
4	记4	管理费用		350.00	
		库存现金			350.00
5	记5	银行存款		789 750.00	
		主营业务收入			675 000.00
		应交税费	应交增值税(销)		114 750.00
6	记6	管理费用		15 000.00	
		银行存款			15 000.00
7	记7	周转材料	低值易耗品	30 000.00	
		应交税费	应交增值税(进)	5 100.00	
		预付账款			35 100.00
8	记8	制造费用		7 500.00	
		周转材料	低值易耗品		7 500.00
9	记9	销售费用		10 000.00	
		应交税费	应交增值税(进项税额)	600.00	
		银行存款			10 600.00
10	记10	应收账款	常熟开明	608 400.00	
		主营业务收入			520 000.00
		应交税费	应交增值税(销)		88 400.00
11	记11	库存现金		2 000.00	
		银行存款			2 000.00
12	记12	应收票据		526 500.00	
		主营业务收入			450 000.00
		应交税费	应交增值税(销)		76 500.00

续表

业务	凭证号	一级科目	二级科目	借方金额	贷方金额
13	记13	管理费用		850.00	
		库存现金			850.00
14	记14	周转材料	包装物	20 000.00	
		应交税费	应交增值税（进）	3 400.00	
		银行存款			23 400.00
15	记15	银行存款		585 000.00	
		应收账款	常熟开明		585 000.00
16	记16	应付账款	相城	390 600.00	
		银行存款			390 600.00
17	记17	应交税费	应交增值税	213 580.00	
		应交税费	应交所得税	194 000.00	
		应交税费	城建税	14 950.60	
		应交税费	教育费附加	6 407.40	
		应交税费	个人所得税	3 245.00	
		银行存款			432 183.00
18	记18	制造费用		40 000.00	
		管理费用		64 000.00	
		原材料	甲		13 000.00
		原材料	乙		51 000.00
		周转材料	包装物		40 000.00
19	记19	销售费用		5 000.00	
		应交税费	应交增值税（进项税额）	550.00	
		银行存款			5 500.00
20	记20	应付职工薪酬	工资	284 905.00	
		银行存款			244 620.55
		应交税费	应交个人所得税		3 246.80
		其他应付款	住房公积金		2 849.05
		其他应付款	社会保险金		34 188.60
21	记21	制造费用		50 220.00	
		管理费用		16 960.00	
		销售费用		740.00	
		累计折旧			67 920.00
22	记22	财务费用		180.00	
		银行存款			180.00
23	记23	应付账款		7 950.00	
		应交税费	应交增值税（进）	1 033.50	

续表

业务	凭证号	一级科目	二级科目	借方金额	贷方金额
		银行存款			8 983.50
24	记24	应付账款		66 000.00	
		应交税费	应交增值税（进）	11 220.00	
		银行存款			77 220.00
25	记25/1	生产成本	A	14 820.90	
		生产成本	B	17 747.44	
		制造费用		1 838.90	
		管理费用		15 876.70	
		销售费用		2 423.50	
		应付职工薪酬	福利费		39 886.70
		应付职工薪酬	住房公积金		2 849.05
		应付职工薪酬	工会经费		5 698.10
		应付职工薪酬	职工教育经费		4 273.58
26	记26	生产成本	A	104 266.06	
		生产成本	B	125 120.58	
		制造费用		12 951.82	
		管理费用		111 823.46	
		销售费用		17 069.30	
		应付职工薪酬	工资		284 905.00
		应付职工薪酬	社会保险金		86 326.22
27	记27/1	应付职工薪酬	社会保险金（养老）	22 792.40	
		其他应付款		8 547.15	
		银行存款			31 339.55
	记27/2	应付职工薪酬	社会保险金（其他）	63 533.83	
		其他应付款		25 641.45	
		银行存款			89 175.28
28	记28/1	生产成本	A	3 600.00	
		生产成本	B	2 400.00	
		制造费用		300.00	
		管理费用		1 500.00	
		销售费用		150.00	
		应付账款	水费		7 950.00
	记28/2				
		生产成本	A	36 000.00	
		生产成本	B	24 000.00	

续表

业务	凭证号	一级科目	二级科目	借方金额	贷方金额
		制造费用		1 200.00	
		管理费用		4 200.00	
		销售费用		600.00	
		应付账款	电费		66 000.00
29	记29	生产成本	A	51 840.00	
		生产成本	B	62 170.72	
		制造费用			114 010.72
30	记30	库存商品		1 526 232.22	
		生产成本	A		652 344.00
		生产成本	B		873 888.22
31	记31	主营业务成本		959 275.00	
		库存商品	A		648 175.00
		库存商品	B		311 100.00
32		营业税金及附加		22 867.65	
		应交税费	应交城市维护建设税		16 007.35
		应交税费	应交教育费附加		6 860.30
33	记33	应交税费	未交增值税	228 676.50	
		应交税费	应交增值税（转出未交增值税）		228 676.50
34	记34	主营业务收入		1 645 000.00	
		本年利润			1 645 000.00
35	记35	本年利润		1 268 865.61	
		主营业务成本			959 275.00
		营业税金及附加			22 867.65
		管理费用			230 560.16
		销售费用			35 982.80
		财务费用			180.00
		营业外支出			20 000.00
36	记36/1	所得税费用		333 283.60	
		应交税费	应交所得税		333 283.60
	记36/2	本年利润		333 283.60	
		所得税费用			333 283.60
37	记37	本年利润		999 850.79	
		利润分配	未分配利润		999 850.79
38	记38	利润分配	提取盈余公积	99 985.08	
		盈余公积			99 985.08
39	记39	利润分配	应付现金股利	449 932.86	
		应付股利			449 932.86

二、计算项目

1. 制造费用分配表

制造费用分配表

项 目	产品	工时	分配率	分配金额
基本生产成本	A产品	6 000		51 840.00
	B产品	7 200		62 170.72
合 计		13 200	8.640 0	114 010.72

(注:分配率保留 5 位小数)

2. 产品成本计算表

产品生产成本计算表

2016 年 12 月 31 日   产品名称:A 产品

项 目	直接材料	直接人工	制造费用	合 计
月初在产品	583 200	16 300	16 100	615 600.00
本月生产费用	299 600	119 086.96	51 840	470 526.96
	882 800	135 386.96	67 940	1 086 126.96
约当产量	4 200	3 300	3 300	—
月末在产品成本	378 344	36 914.96	18 524	433 782.96
完工产品成本	504 456	98 472	49 416	652 344.00
单位成本	210.19	41.03	20.59	271.81

主管: 会计: 复核: 制表:

产品生产成本计算表

2016 年 12 月 31 日   产品名称:B 产品

项 目	直接材料	直接人工	制造费用	合 计
月初在产品	814 500	22 730	22 520.00	859 750.00
本月生产费用	281 400	142 868.01	62 170.72	486 438.73
	1 095 900	165 598.01	84 690.72	1 346 188.73
约当产量	4 500	3 650	3 650.00	—
月末在产品	414 016	38 562.01	19 722.50	472 300.51
完工产品成本	681 884	127 036	64 968.22	873 888.22
单位成本	243.53	45.37	23.20	312.10

主管: 会计: 复核: 制表:

3. 产品销售成本计算表

产品销售成本计算表

2016 年 12 月 31 日

项目	A 产品			B 产品		
	数量	单价	金额	数量	单价	金额
期初结存	3 245	250	811 250	2 565	310	795 150
本期完工	2 400	271.81	652 344	2 800	312.1	873 888.22
		259.27	1 463 594		311.1	1 669 038.2
本期销售	2 500		648 175	1 000		311 100
期末结存	3 145		815 419	4 365		1 357 938.2

主管： 会计： 复核： 制表：

4. 应交税费计算表

应交税费计算表

2016 年 12 月 31 日

项 目	城市维护建设税		教育费附加	
计税额	提取比例	提取额	提取比例	提取额
228 676.50	7.00%	16 007.35	3.00%	6 860.30

三、报表

1. 资产负债表

资产负债表

编制单位：苏州家昊有限责任公司　　2016 年 12 月 31 日　　会企 01 表　单位:元

资产	年初余额	期末余额	负债和所有者权益	年初余额	期末余额
流动资产：			流动负债：		
货币资金		724 621.72	短期借款		0.00
银行存款		511 796.72			
库存现金		12 825.00			
其他货币资金		200 000.00			
交易性金融资产		0.00	交易性金融负债		0.00
应收票据		877 500.00	应付票据		710 070.00
应收账款		525 400.00	应付账款		120 000.00
坏账准备		3 510.00			
应收账款净值		521 890.00			
预付账款		0.00	预收账款		35 100.00

续表

资　产	年初余额	期末余额	负债和所有者权益	年初余额	期末余额
应收利息		0.00	应付职工薪酬		52 707.42
应收股利		0.00	应交税费		588 075.15
其他应收款		3 000.00	应付利息		0.00
存货		3 710 940.69	应付股利		449 932.86
原材料		557 000.00	其他应付款		2 849.05
在途物资		0.00			0.00
生产成本		906 083.47			
库存商品		2 173 357.22	一年内到期的非流动负债		0.00
周转材料		74 500.00	其他流动负债		0.00
一年内到期的非流动资产			流动负债合计		1 958 734.47
待摊费用		0.00	非流动负债:		
其他流动资产			长期借款		0.00
流动资产合计		5 837 952.41	应付债券		0.00
非流动资产:			长期应付款		0.00
可供出售金融资产			专项应付款		0.00
持有至到期投资		0.00	预计负债		0.00
长期应收款		0.00	递延所得税负债		0.00
长期股权投资		0.00	其他非流动负债		0.00
投资性房地产		0.00	非流动负债合计		0.00
固定资产		13 240 000.00			
累计折旧		4 869 920.00	负债合计		1 958 734.47
固定资产净值		8 370 080.00	所有者权益:		
在建工程		0.00	实收资本		8 000 000.00
工程物资		0.00	资本公积		964 430.00
固定资产清理		0.00	减:库存股		0.00
固定资产合计		8 370 080.00	盈余公积		2 036 735.08
生产性生物资产		0.00	本年利润		0.00
油气资产		0.00	利润分配		1 248 132.86
无形资产		0.00	可供分配利润		1 248 132.86
累计摊销					
开发支出		0.00			
商誉		0.00			

续表

资 产	年初余额	期末余额	负债和所有者权益	年初余额	期末余额
长期待摊费用		0.00			
递延所得税资产		0.00			0.00
其他非流动资产		0.00	所有者权益合计		12 249 297.94
非流动资产合计		8 370 080.00			
资产总计		14 208 032.41	负债和所有者权益总计		14 208 032.41

2. 利润表

利 润 表

会企02表

编制单位：苏州东吴有限责任公司　　2016年12月31日　　单位：元

项 目	本期金额	上期金额
一、营业收入	1 645 000.00	
主营业务收入	1 645 000.00	
其他业务收入	0.00	
减：营业成本	959 275.00	
主营业务成本	959 275.00	
其他业务成本	0.00	
营业税金及附加	22 867.65	
销售费用	35 982.80	
管理费用	230 560.16	
财务费用	180.00	
资产减值损失	0.00	
加：公允价值变动收益	0.00	
投资收益	0.00	
其中：对联营企业和合营企业的投资收益	0.00	
二、营业利润（亏损以"-"号填列）	396 134.39	
营业外收入	0.00	
营业外支出	20 000.00	
其中：非流动资产处置损失		
三、利润总额（亏损总额以"-"号填列）	1 333 134.39	
所得税费用	333 283.60	
四、净利润（净亏损以"-"号填列）	999 850.79	
五、每股收益：		
（一）基本每股收益		
（二）稀释每股收益		

3. 试算平衡表

试算平衡表

科目名称	期初余额		本期发生额		期末余额	
	借方余额	贷方余额	借方发生额	贷方发生额	借方余额	贷方余额
库存现金	12 025.00		20 00.00	1 200.00	12 825.00	
银行存款	487 898.00		1 374 750.00	1 350 851.28	511 796.72	
其他货币资金	200 000.00		0.00	0.00	200 000.00	
应收票据	351 000.00		526 500.00	0.00	877 500.00	
应收账款	502 000.00		608 400.00	585 000.00	525 400.00	
坏账准备		3 510.00	0.00	0.00		3 510.00
预付账款	35 100.00		0.00	35 100.00	0.00	
其他应收款	3 000.00		0.00	0.00	3 000.00	
原材料	965 000.00		171 000.00	579 000.00	557 000.00	
周转材料	72 000.00		50 000.00	47 500.00	74 500.00	
库存商品	1 606 400.00		1 526 232.22	959 275.00	2 173 357.22	
生产成本	1 475 350.00		956 965.69	1 526 232.22	906 083.47	
固定资产	13 240 000.00		0.00	0.00	13 240 000.00	
累计折旧		4 802 000.00		67 920.00		4 869 920.00
固定资产清理			0.00	0.00	0.00	
短期借款			0.00	0.00		0.00
应付票据		510 000.00	0.00	200 070.00		710 070.00
应付账款		510 600.00	464 550.00	73 950.00		120 000.00
预收账款		35 100.00	0.00	0.00		35 100.00
应付利息			0.00	0.00		0.00
应付股利			0.00	449 932.86		449 932.86
应交税费		432 183.00	711 832.40	867 724.55		588 075.15
应付职工薪酬			371 231.23	423938.65		52 707.42
其他应付款			34 188.60	37 037.65		2 849.05
实收资本		8 000 000.00	0.00	0.00		8 000 000.00
资本公积		964 430.00	0.00	0.00		964 430.00
盈余公积		1 936 750.00	0.00	99 985.08		2 036 735.08
本年利润		957 000.00	2 602 000.00	1 645 000.00		0.00
利润分配		798 200.00	549 917.94	999 850.79		1 248 132.86

续表

科目名称	期初余额		本期发生额		期末余额	
	借方余额	贷方余额	借方发生额	贷方发生额	借方余额	贷方余额
主营业务收入			1 645 000.00	1 645 000.00		0.00
营业外收入			0.00	0.00		0.00
其他业务收入			0.00	0.00		0.00
主营业务成本			959 275.00	959 275.00		0.00
其他业务成本			0.00	0.00		0.00
营业税金及附加			22 867.65	22 867.65		0.00
营业外支出			20 000.00	20 000.00		0.00
财务费用			180.00	180.00		0.00
管理费用			230 560.16	230 560.16		0.00
销售费用			35 982.80	35 982.80		0.00
资产减值损失			0.00	0.00		0.00
所得税费用			333 283.60	333 283.60		0.00
合计	18 949 773.00	18 949 773.00	13 196 717.29	13 196 717.29	19 081 462.41	19 081 462.41